AF554117

PIÈCES HISTORIQUES

RELATIVES AU

SIÉGE DU HAVRE

PIETATE ET JUSTITIA.
CHARLES IX.
ROI DE FRANCE
Né le 27 Juin 1550
Mort le 30 May 1574
V.B

PETITE BIBLIOTHÈQUE NORMANDE.

PIÈCES HISTORIQUES

RELATIVES AU

SIÉGE DU HAVRE

PAR CHARLES IX, EN 1563

PRÉCÉDÉES D'UNE NOTICE PAR V. TOUSSAINT.

HAVRE

COSTEY FRÈRES, LIBRAIRES-ÉDITEURS

RUE DE L'HOPITAL, 4 & 6.

MDCCCLXII.

1862

NOMBRE DU TIRAGE :

200 Exemplaires in-8° Couronne vergé.
110 » in-8° Jésus, sur fond de couleur, avec encadrement. (Chaque exemplaire est numéroté).

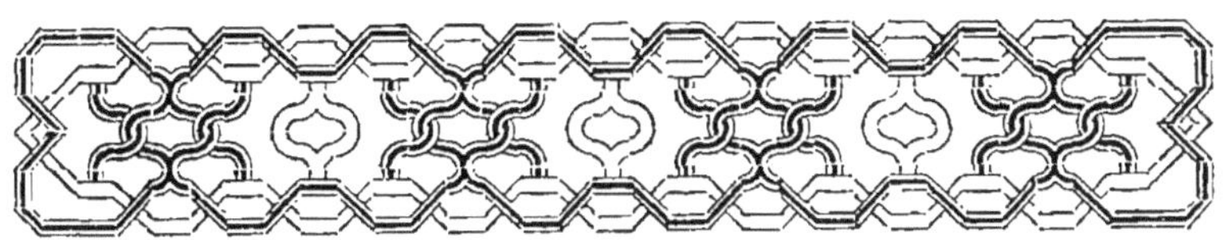

PRÉFACE

QUAND François Ier fonda le Havre, en 1516, il avait en vue *le bien et utilité de son royaume, et la conservation, repos et soulagement de ses sujets*, comme il le dit dans la Charte d'avril 1520. Il avait reconnu que la position du Havre, à l'embouchure de la Seine, à proximité de Paris, en faisait non-seulement une position commerciale de la plus haute importance, mais encore une place de guerre des plus utiles pour la protection et la sûreté du royaume. Elle était destinée à fermer aux Anglais l'accès de la Normandie, sur laquelle ils avaient toujours continué à porter des regards de convoitise.

Cette importance politique de la situation du Havre n'échappa point au parti protestant, pendant les guerres de religion qui désolèrent la France, sous Charles IX. En 1561, l'amiral de Coligny fut nommé gouverneur de là ville du Havre. Il y institua pour son lieutenant un gentilhomme languedocien, nommé Jean De Crose, commandant une compagnie de gens de pied. Le massacre de Vassy devint le signal des troubles qui éclatèrent dans presque toute la France, et de la guerre civile qui désola nos provinces. De Marceilles, dans ses Mémoires, nous apprend que les troubles commencèrent au Havre peu après Pâques 1562. Le 8 mai, lendemain du jour de l'Ascension, les protestants pillèrent les églises de la ville et des alentours. Puis, sous la direction d'un sieur Jean De Lagrange, qui commandait la tour, il dépossédèrent de cette tour et autres fortifications de la ville De Crose, qui se laissa surprendre, et qui ne paraît pas avoir tenté de résistance sérieuse.

Bientôt, Jean Ferrières, seigneur de Maligny, vidame de Chartres, un des chefs de la conspiration d'Amboise, secondé par Jean Lafin de Beauvois La Nocle, son beau-frère, vint prendre la direction de la révolte. Ferrières fit remettre la place en état et fit élever à l'entrée du port, sur la Jetée du Sud, une petite tour, qui porta le nom de *Tour Vidame*, en souvenir de sa dignité. Puis, il se rendit en Angleterre pour négocier, au nom du prince de Condé, avec la Reine d'Angleterre, un traité au moyen duquel le parti huguenot obtiendrait des subsides en hommes et en argent, au moyen de la remise des places du Havre, de Dieppe et de quelques autres villes de Normandie. Il laissa le commandement de la place du Havre à La Nocle, qui ne tarda pas à agir en maître dans le Havre, et força De Crose, qui était mal vu des protestants, à quitter son commandement. De Crose se rendit à Rouen, où il prit part au siége soutenu contre l'armée royale, et où il fut fait prisonnier, après la prise de la ville, et exécuté, malgré la protection du duc de Guize.

Le traité négocié avec Elisabeth fut conclu le 20 septembre 1562. La Reine s'engageait à envoyer en France 6,000 hommes, dont 3,000 prendraient garnison dans le Havre, pour le garder au nom du Roi de France, et en faire un asile pour ceux de ses sujets bannis pour cause de religion.

Peu de jours après, les maréchaux-des-logis et fourriers de l'armée anglaise arrivèrent au Havre pour marquer les logis, et la première chose qu'ils firent, dit Castelnau, témoin oculaire, dans ses Mémoires, fut de désigner la tour et les principaux bastions, témoignant assez qu'ils se voulaient rendre maîtres de la place.

Les premières troupes anglaises, commandées par Warwick, grand maître de l'artillerie d'Angleterre, arrivèrent au Havre le 4 octobre suivant. Elles se composaient de 5 à 6,000 hommes de pied, et de 2 à 300 chevaux et plusieurs jeunes gentilshommes anglais; le reste des troupes promises n'arriva qu'au mois de mars 1563. La flotte anglaise se composait de 8 vaisseaux, sur lesquels il y avait, outre les troupes anglaises, 8 grosses pièces de canon, avec tout l'attirail de guerre nécessaire et les secours en argent promis par la Reine d'Angleterre.

A peine débarqués au Havre, les Anglais s'établirent en maîtres dans la ville, et en expulsèrent les Français, les envoyant au secours de Rouen, qui était assiégé par l'armée royale, depuis le 25 septembre.

« Pendant que les Anglois étoient dans ladite » ville, dit Marceilles dans ses Mémoires, ils avoient » faict plusieurs fossés à l'entour d'icelle, abattre » l'église et la plupart des maisons de la paroisse

» de l'Heure et faict haussor le fort d'icelle. » Pour bien comprendre ce passage et ce qui est dit du siége du Havre par les témoins, il importe de rectifier une erreur accréditée par l'abbé Pleuvry, dans son *Histoire du Havre*. En 1541, François Ier augmenta la ville du lieu appelé *les Barres*, *depuis le premier pont d'icelle*, disent les Mémoires de Marceilles, *jusqu'à la clôture de ladite ville*, *proche l'église de l'Heure*, *c'est-à-dire jusqu'à la crique de Percanville*, *dont l'enclos s'appelle encore l'ancien Havre*. Cet agrandissement fut l'œuvre d'un ingénieur italien. L'abbé Pleuvry prétend qu'en 1551, Henri II diminua la ville du Havre, en retranchant plus de la moitié de son enceinte et en séparant le quartier de Percanville et une partie de celui des Barres, qui se seraient ainsi trouvés placés hors de l'enceinte. De Marceilles dit que « viron ce temps (1552), le Roi fist re-
» trancher le territoire de ladite ville de Grâce,
» par un italien appelé Jean Thomas, depuis la
» closture d'icelle, près ladite église de l'Heure,
» jusques environ en droite ligne de ladite clos-
» ture de ladicte jetée du Sud d'icelle ville et
» ainsy se voit encor à présent ledict retranche-
» ment dont la closture n'est que de terre. » Il s'agit bien là de la construction d'une fortification

ou retranchement, et non de la suppression d'une partie de l'enceinte. Les histoires manuscrites ajoutent que « dans ce retranchement l'arsenal et
» havre se trouva clos, fermé par l'écluse de la
» grande Barre, par des quais, par la jetée du
» Sud et par un boulevart entre la porte de
» l'Heure et ladite jetée. »

Voici ce qu'était alors l'enceinte du Havre, dit M. Frissard. Une longue courtine de 420 mètres s'appuyait, d'une part, à la tour dite de François Ier, et de l'autre, au bastion de Ste-Adresse (extrémité de la rue de la Mailleraie) ; au Nord, quatre fronts dont les courtines avaient de 370 à 400 mètres, se déployant suivant une ligne légèrement convexe vers le Nord, et s'étendant dans la plaine de l'Eure. Elle se terminait, à l'Est, par un seul front de 700 mètres de côté extérieur ; deux autres fronts, au Sud (parallèles à la mer), se rattachaient aux défenses de la jetée du Sud. Ajoutons que cette enceinte, en se rétrécissant vers l'Est, formait le fort désigné par Marceilles, sous le nom de fort de l'Heure, fort réparé par les Anglais, attaqué et pris par Sarlabos à la tête des Suisses, fort dont l'existence n'avait plus de raison d'être, si tout ce quartier ne faisait plus partie de la ville. Cette opinion est d'ailleurs corroborée par le plan du Havre, publié dans la Cosmographie de Belleforest, en 1575.

Cependant, les troupes royales avaient pris la ville de Rouen, le 28 octobre, malgré la vigoureuse défense des protestants. Le Conseil décida de diriger immédiatement des troupes sur le pays de Caux, afin d'empêcher les incursions des Anglais, établis au Havre. Vers le commencement de mai, les troupes réunies sous le commandement du Rhingrave, au nombre de 3,000 lanskenets et quatre cornettes de reitres qui faisaient 1,200 chevaux, se rapprochèrent du Havre, pour bloquer les Anglais qui vivaient aux dépens du pays. Elles vinrent camper à Graville et s'y établirent, malgré une violente sortie faite par les Anglais. La paix conclue, le 7 mars 1563, avec les protestants, permit au Roi de s'occuper de mettre le siége devant la ville du Havre. Le maréchal de Vieilleville, puis le maréchal de Brissac, avaient été successivement chargés de rassembler à Rouen tout ce qui était nécessaire pour un siége de cette importance. De son côté, la Reine d'Angleterre avait envoyé à Warwick les renforts dont nous avons parlé. Mais ce ne fut que le 12 juillet 1563 que la guerre fut officiellement déclarée aux Anglais, par lettres patentes du Roi ; le siége commença peu après. Deux témoins oculaires nous en ont laissé des récits détaillés.

L'un est Michel de Castelnau, seigneur de Mauvissière, qui, dans le livre V, chap. 2 et suivants de ses Mémoires qui se trouvent dans les diverses collections de mémoires relatifs à l'Histoire de France, raconte les péripéties de ce siége. L'autre est un écrivain resté inconnu, qui a publié son récit sous le titre de *Discovrs au vray de la rédvction dv Havre de Grace en l'obeissance du Roy : auquel sont contenus les articles accordez entre ledit Seigneur et les Anglois.* Paris, par Robert Estienne, 1563, in-8°. Cet opuscule a été réimprimé à Lyon, Abr. Saugrain, 1563, in-8°. On le trouve reproduit, mais d'une manière peu exacte, dans les *Mémoires de Condé*, par Secousse, tome IV, p. 560 et 574. Il a été réimprimé également dans les *Archives curieuses de l'Histoire de France*, par Cimber et Danjou, 1re série, tome V, p. 229 à 243.

L'édition originale de cet opuscule est fort rare. La Bibliothèque impériale en possède un exemplaire. Il s'en trouve un autre dans la riche bibliothèque de l'honorable M. O'Reilly père, qui a bien voulu nous le communiquer. Depuis dix ans, nous ne l'avons pas vu figurer une seule fois dans les nombreuses ventes faites à Paris. Nous croyons donc rendre service à ceux qu'intéresse l'histoire de notre ville en en reproduisant fidèlement le texte. Nous avons cru utile d'y joindre quelques pièces justificatives qui le complètent et que nous avons empruntées aux *Mémoires de Condé*, vaste répertoire de pièces curieuses sur les guerres de religion au XVIe siècle.

La prise du Havre par l'armée royale fut célébrée par quelques poëtes de l'époque. Ces pièces ont disparu en grande partie. On connaît les suivantes :

1° *Discours de la prinse du Haure de Grâce, avec les conditions de la restitution du dict Haure, envoyé a Monsieur de Gonnor, par son frère Monsieur le mareschal de Brissac, avec une description de la rejouissance de la prinse du dict Haure de Grâce.* — S. L. N. D., pet. in-8°, vers et prose. (Biblioth. imp.)

2° *La reduction du Haure de Grâce par le Roi Charles neufvieme de ce nom* (par Claude Chapuis), vers. (Biblioth. imp.)

3° *Briefve description de l'esjouissance de la réduction du Havre de Grâce, nostre bonne ville Françoise, qui fut le XXVIIIeme jour de juillet 1563.* — Paris, G. de Niuerel, 1563, vers. (Biblioth. imp.)

Le même, *avec les articles accordez sur la prinse du dict Haure de Grâce.* — Lyon, Benoist Rigaud, 1563. Portrait de Charles IX sur le titre.

4° *Discours de l'origine du différent et dissention d'entre les François et Anglois*, *auquel est déduicte et clairement prouuée la nullité de tel quel droict vainement prétendu en France par l'Anglois*, par Nicolas Natey de la Fontaine, Parisien, *à la fin du quel est insérée et transcripte la prinse du Haure de Grâce et ville Françoise*, *faicte par le Roi Charles IX sur iceulx Anglois.* — Paris, Guillaume Nyuerel, S. D., petit in-4° de 24 feuillets. Portrait de Charles IX sur le titre. (Biblioth. imp. et Biblioth. de l'Arsenal.)

5° *De Recepto Portu Gratie*, *carmen Nuthetеticon*, autore Francisco Picard Rothomagæo. — Parisiis, ex Typographia Thomæ Richardi, 1563, in-4° de 12 pages.

Nous avons pensé que la reproduction de la partie poétique du n° 4 et du n° 5 aurait quelque intérêt pour nos lecteurs.

V. TOUSSAINT.

Discours au vray
DE LA REDVCTION
DV HAVRE DE GRACE EN
l'obéissance du Roy :

Auquel sont contenus les Articles accordez entre ledit Seigneur et les Anglois.

A PARIS,

Par Robert Estienne Imprimeur du Roy.

M. D. LXIII

Auec priuilege de la Cour.

AV LECTEVR.

AMI *Lecteur, ayant esté present à tout ce qui s'est n'agueres faict à la prinse du Haure, ie t'ay bien voulu faire part de ce Discours que i'en ay recueilli : esmeu principalement de ce faire, pour donner à entendre à vn chacun la vraye et naïfue obeissance de tous, soyent Princes, Seigneurs, Gentilshommes, ou autres subiects François, à leur Roy et souuerain Seigneur : Et que si l'annee passee quelques dissentions se sont trouuees entre eux en ce Royaume, elles ont eu par ce dernier acte suffisant tesmoignage, qu'elles sont plus procedees d'vne contestation engendree du zele et ardeur de Religion, que non pas d'ailleurs. Car tu verras comment le different d'icelle estant composé, les vns et les autres se sont si estroictement ioincts en ceste cause pour le recouurement du Haure de Grace, detenu par l'Anglois, qu'il sembloit veritablement que iamais il n'eust esté mention de differends entre icelles. Telle est la vertu de ceste naturelle et peculiere obeissance des François à leur Prince : qui seruira de tableau et exemple pour estre proposé à l'aduenir à toutes autres nations, pour apprendre à se sçauoir ainsi saigement comporter et ranger les vns auec les autres à l'obeissance de leurs Rois et Seigneurs et aux Rois et Seigneurs d'apprendre à prudemment composer les differends de leurs subiects, et les contenir en obeissance égale.*

Comme il faut confesser que, sur tous autres,
la Roine a sceu par sa singuliere pru-
dence tressagement faire, et esperons
qu'elle fera encores mieux
à l'aduenir.

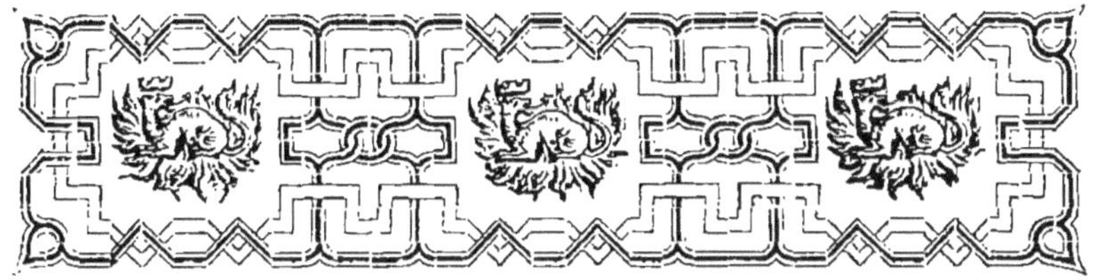

DISCOVRS AV VRAY

DE LA REDVCTION DU HAVRE

de Grace, en l'obeissance du Roy.

LE ieudi xxj[e] iour de Iuillet, monseigneur le Connestable accompaigné de Messieurs les Mareschaux de Montmorency et de Bourdillon, & plusieurs Seigneurs & Cheualiers de l'ordre, arriua sur les dix heures en l'abbaye de Grauille, ou estoit logé monsieur le Mareschal de Brissac : lequel la Royne (ayant esprouué que toutes choses se portent mieux, quand chacun fait sa charge ordinaire & legitime vocation,) auoit voulu auparauant commander à l'armee, tant pour sa suffisance, que pour ce que de droict il luy appartenoit en l'absence du Connestable, comme plus ancien Mareschal. Qui fut cause que mondit S[r] le Connestable disna en ladite Abbaye pour entendre de luy particulierement l'estat des affaires. Et apres disner tint conseil, à l'issue duquel mondit S[r] le Connestable ordonna que l'vn de mesdits Seigneurs les Mareschaulx de Montmorency & de Bourdillon seroit tousiours alternatiuement dans la tranchee, qui estoit conduicte le long du riuage de la mer, vis à vis du boulouart saincte Addresse.

Et pource que le Capitaine Vallefieniere vint remonstrer que la mer estoit plus basse que le fossé, & qu'il se faisoit fort d'en vuider l'eau, mondit Seigneur le Connestable luy commanda d'y trauailler. Apres mondit Seigneur le Connestable s'en alla loger en vne maison de gentilhomme nommee Vitenual.

Le lendemain sur les sept heures du matin mondit seigneur le Connestable vint à ladite tranchee, & par son Trompette feit sommer les Anglois de rendre le Haure au Roy à qui il appartenoit, leur faisant entendre qu'il estoit accompaigné de tant de gens de bien, qu'il s'asseuroit qu'ils ne le sçauroyent deffendre : & le forçeant, il ne seroit en sa puissance de leur sauuer la vie. A quoy il auroit regret pour l'amitié que il portoit à la nation Angloise. Monsieur le Conte de Varuich apres auoir tenu conseil, feit sortir Maistre Paulet, l'vn de ses principaux Capitaines, faire response, Que la Roine leur maistresse les auoit mis dedans pour le garder, & qu'ils mourroyent tous dedans, deuant que de le rendre sans l'expres commandement de sa Maiesté : & qu'au demeurant ils estoyent treshumbles & tres-affectionnez seruiteurs de mondit seigneur le Connestable. Et ce pendant feirent apporter des flascons d'argent doré pleins de vin, & forces couppes, pour faire boire aucuns Cappitaines François, que industrieusement mondit seigneur le Connestable auoit faict auancer auec ledit Trompette pour recognoistre l'estat de leur tranchee & leur palissade. Entre autres sortit de la ville le Cappitaine Lethon Anglois, qui trouua le Cappitaine Monins, Lieutenant de l'vne des enseignes Colonnelles de Monsieur d'Andelot qu'il cognoissoit, tant pour auoir esté ensemble dans Rouen, que depuis pendant la prison dudit Lethon à Paris. Et commença ledit Lethon à luy dire, qu'il estoit estrange qu'estants tous deux d'vne mesme Religion, ils se deussent trouuer pour se coupper la gorge l'vn à l'autre. A quoy Monins feit responce que comme ils estoyent dans le Haure par le commandement de la Roine leur Maistresse, il estoit aussi deuant, par le commandement de son Roy, pour rauoir le Haure qui luy appartenoit. Le differend de la Religion estant vuidé par l'Edict qu'il auoit pleu à sa Maiesté ordonner, Tous les François tant de l'vne que de l'autre Religion estoyent resolus d'employer leurs vies & toute leur puissance pour remettre le Roy en tout ce qui estoit sien. Ledit Lethon qui en recogneut plusieurs autres de semblable Religion audit Monins, & veit tant les vns que les autres obeir vnanimement à mondit seigneur le Connestable, s'en trouua fort estonné. Et incontinent que les François & les Anglois furent separez, mondit seigneur le Connestable commanda que les défenses de la Tour du quay fussent furieusement battues. Ce qui fut executé tout le long du iour : & aussi le Samedi des la Diane, & quelques coups d'artillerie tirez à trauers de la porte de la ville. Dequoy les Anglois estonnez, craignants qu'on ne leur ostast leur retraicte, meirent le feu à deux moulins à vent qui y estoyent, & commencerent d'abandonner ladite tranchee & palissade, au grand contentement de nos soldats : desquels le Cappitaine Poyet, Lieutenant de l'autre enseigne Colonnelle de mons^r d'Andelot, auança sa compaignie la premiere, & se saisit d'vne tour qui estoit au bout de ladite palissade. On feit toute diligence de s'y loger en seureté, car il y faisoit fort chatouilleux : & y fut blessé d'vne harquebouzade à l'espaule le Maistre de Camp Richelieu. Toutesfois il ne se trouua audit lieu difficulté, qui ne fust par la diligence & vertu des nostres surmontee. Mesmes monsieur le Mareschal de Montmorency feit esleuer ioignant ladite palissade vne plateforme, ou il feit asseoir & dresser des le soir quatre pieces d'artillerie. Et incontinent monsieur de Meru troisieme fils de monseigneur le Connestable en alla porter les nouuelles au Roy & à la Roine. Et encores que Monsieur le Mareschal de Brissac soit fort malaisé de sa personne, à cause de ses gouttes (comme chacun sçait,) toutesfois il ne laissa de venir voir le lieu, & louer la vertu des nostres, & recognoistre l'estonnement de l'ennemi, qui nous auoit en peu d'heure quicté si grand aduantage.

Sur les quatre heures apres Midi sortit vne barque chargee de seize à dixhuit personnes, qui s'en allerent trouuer les Nauires Angloises, & vne galere qui estoit à l'ancre à la mer : & commencerent lesdites Nauires à leuer l'ancre & vouloir approcher la terre : Mais quand ils se veirent saluer de quelques coups de canon, qui estoyent posez expres sur la riue de la mer, n'en oserent approcher iusques à la portee dudit canon. Les Anglois, voyans nos gens logez en leur palissade, cogneurent bien que dans deux iours l'entree du Port leur seroit interdicte, si les nostres vouloyent loger trois canons au bout de la iettee, qu'ils donneroyent entree du port. Mais des le Dimanche ils s'apperceurent qu'on les vouloit prendre d'assault, parce que Monsieur d'Estree grand Maistre de l'artillerie, accompaigné de monsieur le Seneschal d'Agenois, faisoit toute diligence de mettre son artillerie en baterie. A quoy s'employa aussi le seigneur de Caillac par commandement de mondit seigneur le Connestable, qui appoincta le differend d'entre monsieur d'Estree & luy. A cela, & à mener notre tranchee iusques au bort de leur iectee fut vaqué tout le Dimanche & le lundi. Monsieur le Mareschal de Bourdillon y assista tout ledit iour de Dimanche, & y perdit deux gentilshommes siens.

Ce pendant monsieur le Mareschal de Montmorency feit amener à monseigneur le Connestable le Secretaire de l'Ambassadeur d'Angleterre, qui estoit venu entre les mains du Maistre de Camp Richelieu : parce qu'au partir de Gaillon ledit Ambassadeur delibera d'enuoyer sondit Secretaire dans le Haure auecques lettres au Conte de Waruich. Ce qu'il ne peut faire si finement, que mondit sieur le Mareschal de Montmorency n'en fust aduerti, par ceux mesmes que ledit Ambassadeur pensoit qu'ils deussent donner moyen & entree audit Haure à sondit Secretaire. Et mania mondit sieur le Mareschal, que d'vn costé celuy qui auoit entreprins porter ladite lettre, tomba es mains de monseigeur le Connestable, & que la personne dudit Secretaire fut arrestee par le Maistre de Camp Richelieu. Et ledit iour de Dimanche fut presentee ladite lettre par le Preuost de mondit S[r] le Connestable audit Secretaire, qui la recogneut. Et depuis parla à mondit seigneur le Connestable, qui apprint de luy plusieurs choses tresvtiles pour le seruice du Roy, & trouua que ce n'auoit esté peu faict d'auoir empesché qu'il n'entrast dans le Haure donner aduertissement audit Conte de Waruich.

Le Lundi monsieur le Mareschal de Montmorency, accompaigné & suyui (comme il a tousiours esté) de plusieurs Seigneurs & Cheualiers de l'ordre, demeura tout le iour ausdites tranchees, pour paracheuer les preparatifs de la baterie, non sans grand danger de sa personne : Car outre les coups de pierres que ses armes luy garantirent, il en eut les deux mains esgratignees, & vn grand coup sur l'espaule. Ce pendant Messeigneurs les Princes de Condé & Duc de Montpensier arriuerent au logis de monseigneur le Connestable : & de là s'en allerent ausdictes tranchees releuer mondit sieur le Mareschal de Montmorency, qui s'en alla soupper chez luy.

Et vn peu au parauant estoit sortie vne barque du Haure, chargee de quinze ou seize Cheualiers, qui fut prinse par les nostres, & les Cheualiers menez au Roy, qui lors estoit à Fescamp, ville distante du Haure de sept lieues. Monsieur d'Estree, & ceux qui se meslent de l'artillerie, feirent si bonne diligence, & furent si bien sollicitez par mondit seigneur le Prince de Condé, (qui depuis son arriuee au Camp n'a faict logis que dans la tranchee, ou mondit seigneur le Connestable l'alloit souuent accompaigner & visiter :) que le Mardi matin nostre artillerie commença à battre en baterie la Tour du quay, & le boullouart saincte Addresse.

Or les Anglois se trouuerent esperdus, non pas tant des grandes maladies & necessitez qu'ils auoyent dans ledit Haure, que de ce que depuis l'arriuee de monseigneur le Connestable, la tranchee qui n'auoit au parauant esté conduicte que iusque vis-à-vis du boullouart saincte Addresse, fust aduancee en quatre iours de bien deux mille pas sus vne iectee toute de pierre, ou il n'y auoit aucune terre pour s'en aider, ains se falloit couurir dans ladite tranchee de sacs pleins de terre, & balles de laine & de fascines, & prendre du sable mouillé quand la mer se retiroit, pour lier le tout ensemble & en faire vn corps.

Et pource que la nuict d'entre le lundi & le mardi ledit Conte de Waruich auoit escript à monsieur le Ringraue, que quand monseigneur le Connestable l'auoit faict sommer, il n'auoit point de pouuoir de sa Maistresse pour traicter, mais que depuis il luy en estoit venu vn, suyuant lequel il estoit prest d'y entendre, s'il plaisoit à monseigneur le Connestable enuoyer querir par son Trompette vn Gentilhomme qu'il feroit sortir par le costé du Fort de l'heure. Mondit seigneur le Connestable donna ceste charge à monsieur le Mareschal de Montmorency, qui disna auec monsieur le Mareschal de Brissac : & apres disner, estant parti d'auec luy, s'en alla au camp des Suysses, & des vingt enseignes qui sont sous les Maistres de Camp Sarlaboz & Charry au deuant dudit Fort, & si pres que leur tranchee touche au fossé dudit Fort. Et pource incontinent apres l'arriuee de monsieur le Mareschal de Montmorency, les Anglois feirent vne saillie, & se dressa vne belle escarmouche, en laquelle mesmes se mesla mondit sieur le Mareschal de Montmorency pour eschauffer nos harquebuziers : & furent les Anglois bien rembarrez.

Et ladite escarmouche cessee, le seigneur de Losses, qui estoit allé receuoir celuy qui vouloit parlementer auec mondit seigneur le Connestable, amena Maistre Pellehan qui commandoit au Fort de l'heure, accompaigné d'vn autre gentilhomme Anglois, qui auoit esté enfermé auec mondit sieur le Mareschal de Montmorency dans Therouenne, & vn Trompette Anglois : lesquels ayant presenté à mondit sieur le Mareschal, ordonna les mener à monseigneur le Connestable, passant chez le Ringraue, qui estoit auec ses Lansquenets logé au plus prochain valon du Haure. Et iusques au retour dudit Pellehan furent accordees trefues du costé dudit Fort par mondit sieur le Mareschal de Montmorency, qui declara lors qu'il auoit deliberé d'aller en personne à l'assault, comme le soir auparauant il l'auoit aussi declaré. Il auoit destiné cinquante gentilshommes choisis en sa compaignie pour se mettre à pied, & l'accompaigner à l'assault. Il estoit aussi ordonné que cinq cens hommes choisis des dix Enseignes du maistre de Camp Charry, & autant du maistre de Camp Sarlaboz, qui estoyent deuant le Fort, se viendroyent ioindre auec les dixsept Enseignes de Richelieu, & les dix du Conte de Brissac, pour aller audit assault. Vn peu apres mondit sieur le Mareschal de Montmorency s'en vint au logis de monseigneur le Connestable, ou se rendit aussi Monsieur le Mareschal de Brissac. Et là mondit seigneur le Connestable dict à Maistre Pellehan, qu'il auoit peu veoir nostre Camp composé de gens de l'vne & de l'autre Religion, & que ceux qui les auoyent fauorisez par cy deuant en haine de nos troubles, leurs estoyent auiourdhuy ennemis, & que tous les François naturels estoyent vnis à l'obeissance & au seruice du Roy, & au commun benefice de ce Royaume : Que le differend de la Religion estoit appaisé, & que les malignes humeurs qui auoyent troublé ce Royaume cessoyent, Dieu mercy : & à ceste cause il estoit necessaire qu'ils rendissent le Haure au Roy à qui il appartenoit, sans plus rien esperer en la diuision de la Religion : & qu'ils n'auoyent aucun moyen de resister à sa puissance.

Le propos de Maistre Pellehan fut honneste & gracieux, & remeit au l'endemain à en traicter : & que iusques alors nous ne cesserions de continuer nostre baterie. Ce faict ils remporterent au Conte de Waruich des Marcassins, des fruicts & rafreschissements que luy enuoyoit mondit seigneur le Connestable.

Mercredi matin à sept heures se trouua mondit seigneur le Connestable au bout de la tranchee pres la ville, ou Maistre Paulet, le thresorier Horsey & Pellehan sortirent par eau parlementer auec luy. Ce pendant furent accordees trefues, lesquelles par deux fois furent rompues par l'insolence d'aucuns harquebuziers d'une part & d'autre, que les chefs reprimoyent incontinent· Monseigneur le Connestable fut quelque temps seul auecque les Anglois : pource qu'encores que monsieur le Mareschal de Montmorency eust au parauant la nuict plusieurs fois sondé le fossé, & recogneu l'endroict par ou il se deliberoit donner l'assault, & faict pareillement recognoistre par La Porte son guidon, & autres des siens : mondit S[r] le Connestable vouloit bien que sous couleur de ladite trefue il considerast toutes choses encores plus particulierement. Ce que ayant faict exactement & à loisir, il s'alla apres approcher de mondit seigneur le Connestable auec monsieur le Mareschal de Bourdillon : & finalement y arriua aussi monsieur le Mareschal de Brissac venant de son logis.

Et pource que monseigneur le Connestable estoit difficile & rude en ses propositions aux Anglois, aucuns des Anglois s'allerent approcher de monsieur le Mareschal de Brissac, à fin qu'il feit pour eux office d'intercesseur. Mais monseigneur le Connestable les estonna encores d'aduantage, leur disant qu'ils ne s'addressassent qu'à luy, & qu'il n'y auoit personne là ny en tout le Camp, qui eust puissance de leur rien accorder ny refuser que luy : leur tenant telle contenance & langage, qu'en fin ils passerent les articles qu'il luy pleust, en la forme qui s'ensuit :

SVR LA DEMANDE QVI A ESTÉ FAICTE PAR *monseigneur le Connestable de la restituton du Haure, à monsieur le Conte de Waruich, ont esté accordez les articles qui s'ensuyuent entre lesdits Seigneurs, lesquels ils ont promis d'accomplir et garder inuiolablement d'vn costé et d'autre.*

Et premierement.

Que ledit Conte de Waruich remettra la ville du Haure de Grace entre les mains dudit seigneur Connestable, auecque toute l'artillerie, et munitions de guerre, appartenants au Roy et à ses subiects.

Qu'il laissera les nauires qui sont en ladite ville appartenants tant au Roy qu'à ses subiects, auec tout leur equippage, et generallement toutes les marchandises et autres choses qui appartiennent au Roy et à sesdits subiects.

Et pour seureté de ce que dessus, que ledit Conte mettera presentement la grosse Tour du Haure entre les mains dudit seigneur Connestable, sans que les soldats qui seront mis dedans, puissent entrer dedans la ville. Et que monsieur le Conte de Waruich fera garder les portes du costé de la ville, iusques à ce qu'il sera commandé par mondit seigneur le Connestable, sans arborer enseignes sur ladite Tour : le tout suyuant ladite capitulation. Et aussi que ledit seigneur Conte baillera quatre ostaiges tels que ledit seigneur Connestable nommera.

Pareillement que dans demain matin heure de huict heures ledit seigneur Conte fera retirer les soldats qui sont dedans le Fort, pour le consigner incontinent entre les mains dudit seigneur Connestable, ou ceux qu'il commettra, pour le receuoir dans lesdites huict heures.

Que tous prisonniers qui ont esté prins deuant ledit Haure, seront deliurez tant d'vn costé que d'autre, sans payer aucune rançon.

Et que monseigneur le Connestable permetteroit de son costé audit seigneur Conte de Waruich, et à tous ceux qui sont en garnison dedans ledit Haure, d'en partir auec tout ce qui appartient à la Roine d'Angleterre et à ses subiects.

Que pour le transport, tant dudit seigneur Conte, que deslogement des gens de guerre et autres choses susdites, ledit seigneur Connestable a accordé six iours entiers, à commencer demain, durant lesquels six iours pourront librement et franchement desloger et emporter toutes lesdites choses. Et là ou les vents et mauuais temps enpescheroyent ledit transport pouuoir estre faict dedans ce terme : En ce cas ledit seigneur Connestable luy accordera temps et delay raisonnable pour ce faire.

Ledit seigneur Connestable a semblablement permis que tous les nauires et vaisseaux Anglois, et autres qui sont et seront ordonnez pour ledit transport, entreront et sortiront dedans le Haure franchement et seurement, sans leur donner aucun arrest ou empeschement, soit en ce Camp ou ailleurs.

Lesdicts quatre ostaiges dont mention est faicte, seront Messieurs Oliuier Manere frere du Comte de Rotheland, les Cappitaines Pellehan, Horsey et Lethon. En tesmoing de quoy, et pour seruir de promesse, lesdicts Seigneurs, ont signé les presens articles. Faict le vingthuictieme iour de Iuillet, mil cinq cens soixante trois.

Mondit seigneur le Connestable ce pendant que les Anglois allerent faire leur recit audit seigneur Conte de Waruich, despescha monsieur de Toré son dernier fils pour aller reciter au Roy & à la Roine le pourparler ou il estoit auecque les Anglois, qu'il tenoit presque pour accordé : dont leurs Maiestez louerent Dieu.

Les susdits articles signez par les Anglois, & les quatre ostages liurez, ausquels mondit seigneur le Connestable permit de bonne foy d'aller souper chez monsieur le Ringraue, & mesmes à Maistre Pellehan d'aller coucher dans son Fort, pour y mettre ordre plus commodeement, & le consigner le lendemain au matin : Il feit partir sur les sept heures du soir mondit sieur le Mareschal de Montmorency, qui porta au Roy & à la Roine les articles signez du Conte de Waruich : & trouua leurs Maiestez à Criquetot, qui est à mi-chemin d'entre le Haure & Fescamp. Le lendemain il feit venir sur le chemin sa compaignie de gensdarmes, pour seruir d'escorte & seureté à leursdites Maiestez : qui fut iugee l'vne des plus belles de France. Leurs Maiestez approchants du Haure, rencontrerent mondit seigneur le Connestable, lequel se mettant à pied, vint faire la reuerence au Roy, qui l'embrassa par plusieurs fois. La Roine aussi le receut auec grand contentement : pource que ceste guerre estoit la premiere qu'elle a voulu & entreprins de faire. D'autant que les guerres passees estant Ciuilles & entre les subiects du Roy, ont esté toutes à son tresgrand regret, comme il est apparu par le deuoir qu'elle a faict, iusques à n'espargner sa vie pour pacifier lesdits troubles à conditions tolerables. Or ceste guerre qui ne tendoit que de chasser les Anglois hors de France, & les renuoyer delà la mer, donnera perpetuelle reputation à sa prudence : laquelle a vni les forces de ce Royaume, estants nagueres iduisees, à ceste honorable entreprinse si importante, si tost & si brauement executee : Accordant tellement les Princes du sang & tous les Officiers de la Couronne, qu'il ne s'y est peu trouuer aucune diuision ny mescontentement : contre l'opinion des Anglois, & tous autres estrangers ennemis de ceste Couronne.

La Roine d'Angleterre auoit faict embarquer dixhuit cens Anglois, & vindrent surgir le soir à la Radde pres le Haure, esperants d'y entrer : mais ils trouuerent que bon nombre desdits Anglois estoit desia sorti hors.

Le vendredi on veit enuiron soixante voilles sous l'Admiral Clithon, qui approchoyent la terre : partant mondit sieur le Mareschal de Montmorency manda à sa compaignie venir faire le guet sur la riue de la mer, à fin de preseruer d'alarmes le logis du Roy, qui estoit vn peu esloigné du Camp. La nuict Lignerolles fut enuoyé en vn Esquif par la Roine, prier ledit Admiral de descendre, & que lon luy feroit tout honneur & courtoisie : & à ceste fin luy offrir seureté telle & saufconduit qu'il desireroit. Et ledit Admiral respondit sobrement qu'il ne voudroit autre seureté que la parolle de sa Maiesté : mais que ne voyant pas occasion maintenant pour laquelle il deust venir baiser ses mains, il s'en retournoit vers sa Maistresse.

Le Samedi, la plus part des Anglois qui estoyent dans le Haure s'embarquerent, & n'y demeura plus que trois ou quatre cens pestiferez. Qui fut cause que le Dimanche le Maistre de Camp Sarlaboz y entra auec six enseignes. Et d'autant que la Roine l'establit gouuerneur dudit Haure, & que le maistre de Camp Richelieu a declairé ne vouloir plus seruir de maistre de Camp : deux nouueaux maistres de Camp furent faicts, Remolles, auquel mondit seigneur le Connestable auoit desia donné le commandement sur le regiment de Richelieu depuis sa blesseure : & le ieune Sarlaboz.

Et des ledit Dimanche premier du mois d'Aoust partit le Roy, la Roine & toute la Court, pour s'en aller à S. Romain, & le lendemain à Estellan, demeurant mondit seigneur le Connestable au Camp pour y ordonner toutes choses.

Quelques iours au parauant l'Ambassadeur Trockmorton estoit arriué d'Angleterre à Vallemont, pour traicter la paix : mais la Roine pour plusieurs bons respects, n'a sceu encores trouuer loisir de luy donner audience.

Faict dans le Haure de Grace le second iour d'Aoust, mil cinq cens soixante trois.

FIN.

Extraict du Priuilege.

VR *la requeste presentee à la Cour par Robert Estienne Imprimeur du Roy, Il est permis audict Estienne d'imprimer, faire imprimer, debiter et mettre en vente ce present liuret, intitulé* Discours au vray de la reduction du Haure de Grace en l'obeissance du Roy : auquel sont contenus les Articles accordez entre ledit Seigneur & les Anglois. *Et defenses à toutes autres personnes quelconques de l'imprimer, faire imprimer, ne mettre en vente, sans son vouloir et consentement, durant le temps et terme de six mois prochainement venants : Sur peine aux contreuenans de confiscation de tout ce qu'ils en auroyent imprimé, et d'amende arbitraire. Faict en Parlement le* XXIII. *iour d'Aoust, mil cinq cens soixante trois. Signé*

DE S. GERMAIN.

PIÈCES SUPPLÉMENTAIRES

EXTRAITES DES

MÉMOIRES DE CONDÉ

ET AUTRES.

I.

Coppie des Lettres Patentes du Roy, contenant la Déclaration de la guerre contre les Anglois, tant qu'ils tiendront et occuperont la Ville et Havre-de-Grace.

Leues & publiées à la Ville de Rouen, le douziéme jour de Juillet, mil cinq cens soixante-trois.

HARLES par la grace de Dieu Roy de France. A tous nos Lieutenans Généraux, Gouverneurs, Admiraux, Vis-Admiraux, Baillifs, Séneschaux & autres nos Justiciers & Officiers, qu'il appartiendra, ou à leurs Lieutenans, & à chacun d'eux, en son destroit & Ressort : Salut. Comme il soit notoire à un chacun, que les *Anglois* se soyent, outre la teneur du Traitté de paix que Nous avons ensemble, & avecques l'occasion des troubles qui estoyent en nostre Royaume, saisis & impatronis de nostre *Ville-Françoise* & *Havre-de-Grace*, laquelle ils ne se contentent pas de retenir, mais encores ont fait & font chacun jour, infinies prinses des Navires & Vaisseaux de nos subjets, outre ceux qu'ils ont arrestez aux Ports & Havres d'*Angleterre*, biens & marchandises à eux appartenans; prenans prisonniers iceux nosdits subjets, & les mettans à rançon; commettans davantage, tous actes & exploits hostiles, au détriment de nostredit Royaume, & dommage grand de nosdits subjets, lesquels suivant nos très-exprès commandemens & deffenses, se sont jusques à présent, doucement et gratieusement comportez envers lesdits *Anglois,* sans rien attenter ne innover au préjudice de ladite paix, sous l'espérance & attente en laquelle nous avons tousjours esté, que lesdits *Anglois* se retireroyent hors dudit *Havre-de-Grace,* & cesseroyent lesdites déprédations : ce que voyant, au contraire par eux continuer, & qu'ils deffendent & tiennent ledit *Havre-de-Grace* à force d'armes, courent & pillent nosdits subjets, à quoy il est bien raisonnable & juste que Nous pourvoyons, & cherchions moyen de recouvrer ce qu'ils Nous détiennent ainsi injustement, avons pour cest effet fait mettre sus nos Forces, avec lesquelles assistées de la faveur & bonté de Nostre Seigneur, Nous espérons en avoir la raison, pour laquelle faciliter, empescher aussi le secours & aide qui vient ordinairement dudit Païs d'*Angleterre* audit *Havre-de-Grace,* tant de Gens que de vivre & munitions, donnant quant & quant moyen à nosdits subjets, de repousser toute injure & dommage, & prendre revenge de ceux qu'ils ont jà soufferts desdits Anglois, fortifier & accommoder en toutes façons nostredite entreprise, au recouvrement de notre tuition, & conservation de nostredit Royaume & subjets, & autres bonnes & grandes considérations à ce Nous mouvans; avons par le bon & prudent advis de la *Roine* nostre très-honorée Dame & Mere, Princes de nostre Sang, & autres grans & notables personnages de nostre Conseil privé, permis

& permettons par cesdites Présentes, à tous nosdits subjets, de quelques estat, qualité & condition qu'ils soyent, d'armer & équiper tous Vaisseaux, & en tel nombre, & tant que bon leur semblera; & avec iceux courir sus, invahir, prendre, offenser & endommager tous Anglois & subjets de la *Roine d'Angleterre,* tant par mer que par terre, en leurs personnes, biens, Vaisseaux; les prenans prisonniers, & iceux mettre à rançon; & ce, tant & si longuement que lesdits *Anglois* tiendront & occuperont, ainsi que dit est, ladite Ville & *Havre-de-Grace* : déclarant dès à présent tous les actes & exploits qui s'exerceront contre eux par nosdits subjets, & les prinses qu'ils feront sur eux, bonnes & vallables, & à eux acquises, comme robbé d'ennemis.

Si voulons & vous mandons, & à chacun de vous en son regard, que ceste nostre presente permission vous faites lire & publier à son de Trompe par les lieux accoustumez à faire semblables publications, & icelle enregistrer, & du contenu nosdits subjets, jouir & user plainement & paisiblement : car tel est nostre plaisir. Donné à *Gaillon,* le sixiéme jour de Juillet, l'an de grace mil cinq cens soixante-trois, & de nostre Régne le troisiéme.

Signé par le Roy en son Conseil. *De L'Aubespine,* & scellé sur simple queue du grand Séel de cire jaune.

Collationné à l'Original, par moy Sécretaire ordinaire de la Chambre du Roy, le dixiéme jour de Juillet, mil cinq cens soixante-trois. Signé *Serres.*

II.

Lettre du Comte de Warvic, au Comte Ringrave, par laquelle il le prie de dire au Connétable de Montmorency, qu'il a reçu pour traiter de la Reddition du Havre-de-Grace, des pouvoirs de la Reine d'Angleterre, qui est dans la disposition d'entrer en Traité de Paix avec la France.

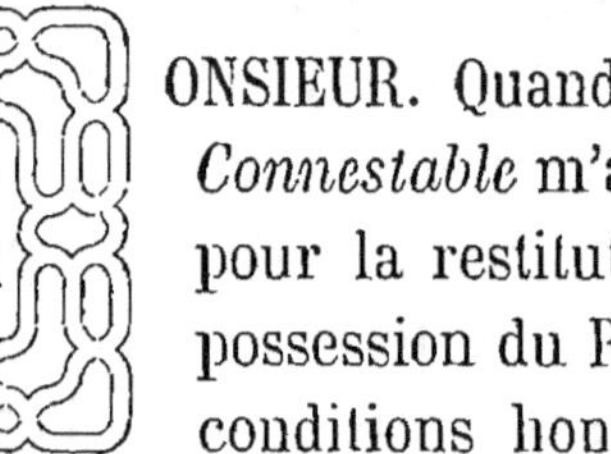

ONSIEUR. Quand ad ce que Monsieur le *Connestable* m'avoit l'autre jour mandé, pour la restitution de ceste Ville en la possession du Roy de France, sur telles conditions honnorables qu'on pourroit accorder là-dessus en cest endroict, auquel instant fut respondu que je n'avoye Commission de traicter aucunement, (comme de vérité je n'avoys) néaulmoings j'ay mainctenant receu advertissemens de la Majesté de la *Royne* ma Maistresse, par lesquelz appert non seulement que Sa Majesté est bien inclinée pour avoir une paix honnorable entre les deux Royaulmes; mais aussy m'a donné Commission de traicter en cest endroict, en tant que à l'honneur de Sa Majesté sera aggréable; de laquelle chose je vous voullois advertir, comme à celuy duquel je m'asseure que mectrez peine non seulement avec ledit Seigneur *Connestable*, mais aussy aux autres, à ung si bon ordre, qu'il sera tendant à la gloire de Dieu, la continuation de la Paix, &

à la tranquillité entre les deux Princes. Et à ceste cauze, je vous prie de communicquer cest effect audit Seigneur *Connestable*, & m'en advertir par ce présent Porteur : estant contant sur vostre Passeport, d'envoyer demain ung Gentilhomme de crédit, pour en communicquer plus amplement en cest endroict, si ainsy bon semblera : me recommandant sur ce à vostre bonne grace ; priant Dieu, Monsieur, vous donner en santé, très-bonne & très-heureuse & longue vie. Du *Havre-de-Grace*, ce xxvj^e^. jour de Juillet 1563.

Votre très-affectionné & bien bon amy. *Warwic.*

Je vous prie me mander si le frere aisné de Monsieur *De Bassompierre*, s'en est party selon vostre promesse ; m'asseurant bien que la tiendrez.

III.

Mémoire de ce qu'il faut demander aux Anglois.

PREMIEREMENT.

LA restitution du *Havre* avec l'artillerie, pouldres, boulletz & autres munitions, avec toutes les armes appartenans au Roy que aux particulliers.

Qu'ilz laisseront tous les Navires qui sont en ladicte Ville, sans rien désarmer ny transporter.

Qu'ilz rendent tous ceulx qu'ilz ont transporté, en l'estat & esquipaige qu'ilz les ont prins.

Qu'ilz ne transportent aucunes marchandises de ladicte Ville, ny biens appartenans aux subjectz & serviteurs du Roy.

IV.

Les Articles que demande Monseigneur le Connestable, à Monsieur le Conte de Warwich.

PREMIEREMENT.

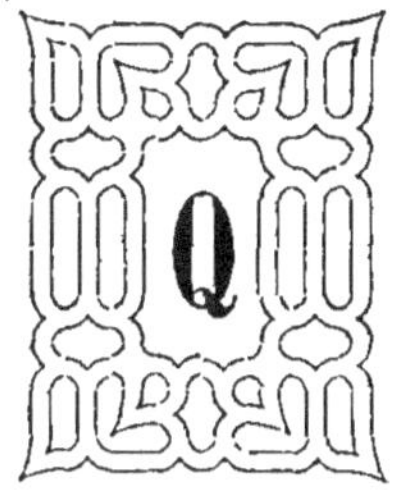

U'IL remecte la Ville du *Havre-de-Grace* entre les mains dudit Seigneur *Connestable*, avecques toute l'artillerye, munitions de guerre appartenant au Roy & à ses subjectz.

Qu'ilz laisseront les Navyres qui sont en ladicte Ville appartenant tant au Roy que à ses subjectz, avec tout leur esquipaige, & générallement toutes les marchandises & autres choses qui appartiennent au Roy & à sesditz subjectz.

Et pour seurettè de ce que dessus, que ledit *Conte* mectra présentement la grosse Tour du Havre entre les mains dudit Seigneur *Connestable*, & quatre oustaiges telz que ledit Seigneur *Connestable* nommera ; & que dedans demain matin heure de huict heures, ledit *Conte* fera rettirer les soldatz qui sont dedans le Fort, pour le consigner entre les mains dudit Seigneur *Connestable*, ou ceulx qu'il commectra pour le recepvoir dedans lesdites huict heures demain matin.

Que tous prisonniers qui ont esté prins devant ledit *Havre*, seront délivrez, tant d'un cousté que d'autre, sans payer aucune rençon.

V.

Lettre du Comte de Warwick, au Connétable de Montmorency, par laquelle il lui marque qu'il est bien fâché d'être obligé à cause de sa blessure, de partir du Havre, pour retourner en Angleterre, sans saluer le Roy, la Reine et lui.

ONSEIGNEUR. Parce que ma blissure me faict tout plein de mal, je suis en délibération d'en partir ce jourd'hui pour m'en aller en *Angleterre*, pour plustost recovrir ma santez ; laquelle chose n'ay voullu faire sans vous en advertir ; estant fort marry que n'ay le moyen ne la commodité pour faire la révérence à la Majestés du Roy & la *Royne*, à vous, & à tous les Seigneurs ; me sentant tant obligé à vous, pour les courtoisies qu'avés faict à moy & à ma Compaignie, que durant ma vie je le recongnoistray, & en advertiray la Majesté de la *Royne* ma Maistresse, laquelle vous remerciera en nostre endroit. Au demeurant, je laisse en ma place & en mon absence, le Sr. *Poullet*, le Mareschal & le Trésorier, pour mettre ordre aux affaires qui sont maintenant en main ; vous suppliant que ne leur soit faict de tort, & qu'il vous plairoit les favoriser & leur prester vostre aide, comme vous avés desjà honnorablement commencé ; m'asseurant bien que le ferés ; & qu'il vous plairoit aussy ordonner quelque Gentilhomme de réputation de venir ycy dans la Ville, affin de mieulx parfaire ce que contenu est en la cappitulation faict entre nous; qui sera l'endroit que me recommandant humblement à vostre bonne grace, je prie Dieu, Monseigneur le *Connestable*, qu'il vous doinct en santé, très-heureuse, très-bonne & longue vie. Du Havre, ce XXXe. Juillet 1563. Vostre très-humble à vous faire service, *Warwick*.

Monseigneur. Si vous plaist ordonner que le S^r. Du Molle, qui est dans la Tour, soit ycy, je le trouve tant honneste Gentilhomme, qu'il vous contentera bien, si ainsy vous semblera bon; & aussi qu'il vous plairoit donner ordre pour avoir des huys & Vaisseaux pour nostre transport.

AU DOS : *A Monseigneur, Monseigneur le Connetable de France.*

VI.

Lettre du Comte de Warwick, au Connétable de Montmorency, par laquelle il le prie de faire observer les Articles de la Capitulation du Havre-de-Grace, auxquels on a contrevenu.

ONSEIGNEUR. Il vous peult très-bien souvenir des Articles accordez naguaires entre nous, au *Havre-de-Grace*, sur la délivrance d'icelle entre voz mains, pour le libre passage de moy & des miens, ensemble toutes choses aulcunement appartenantes à la *Royne* ma Souveraine, ou à aulcuns des siens ; en quoy, comme pour ma part j'ay accomply tout ce qu'avois promis ; ainsi bien s'en fault que le réciprocque ait esté fait & observé envers moy & les miens : car dedans le terme limité audit Accord, & outre les Capitulations et promesses y contenues, le Capitaine *Sarleboz* et aultres de sa Compaignée, entrans en ladite Place, usèrent de la force & violence sur mes soldatz, leur ostant les armures, armes & argent ; & oultre ce, (dont ay plus de cause & raison de justement m'en plaindre) ils ont engardé les Mynistres de Sa Majesté de enlever hors dudit lieu du *Havre,* son artillerye, munitions & poudres, montant à bonne somme ; comme aussy les vivres qui avoyent esté transportez d'*Angleterre* là, estant en bon nombre & quantité & de mesme prix, estimé par lesditz Ministres, à cent mil escuz sol. Or Monseigneur, encores que les prix des dites choses, ne poiseront pas tant à ma dite Souveraine ; sy est-ce que la rupture dudit Accord, a faict que je vous en escripve ce mot ; vous pryant que eu esgard tant à l'Estat & honneur de Connestable de France que tenez, comme pour vostre intérest particulier, de faire observer vos promesses (ne pensant pas que telles oultrages ayent esté perpétrées par votre sceu) j'en puisse trouver la réparation due ; & ne me laisser descheoir de l'oppinion qu'avois de vous, qui a esté que me fusse fyé en vous, jusques à vous mectre la vye entre les mains, sur vostre seulle parolle, sans aultre escript, comme attens que le mesme me soit faict par vous & aultres, en cas semblables. Et sur ce vous prye bien affectueusement me faire bonne responce, avec prompte satisfaction ; ayant à ces fins escript à Monsr. le *Conte de Rhingrave,* quy a aussy cognoissance des dits Articles & Accord, de moyenner l'accomplissement d'iceulx en mon endroict ; auquel j'ay escript par ce Porteur estant à ceste heure dépesché par ma dite Souveraine, à son Ambassadeur réseant en icelle Court ; ne voulant luy mectre avant cest affaire, sy par faulte de vostre digne & due réparation sur ces poinctz, ny soye constrainct ; à quoy n'espére estre occasionné par personne de vostre rancg : pryant atant Dieu, Monseigneur, après m'estre très-affectueusement recommandé à vostre bonne grace, vous donner la sienne. Escript à *Windesore*, le xvij. d'Aoust 1563. Vostre très-affectioné amy à vous faire playsir et service. *Warwick.*

AU DOS : *A Monseigneur, Monseigneur le* Duc de Montmorency, *Pair et Connestable de France.*

DISCOURS

DE L'ORIGINE

DU DIFFERENT ET

DISSENTION D'ENTRE LES

François et Anglois auquel est deduicte
et clairement prouuée la nullité du tel
quel droict vainement prétendu
en France par l'Anglois.

Par Nicolas Natey de la Fontaine Parisien.

A la fin duquel est inserée et transcripte la prinse du Haure
de Grace et ville Françoise, Faicte par le Roy
CHARLES IX. sur iceulx Anglois.

A PARIS,

Par Guillaume de Nyuerd, *Imprimeur et Libraire.*

AVEC PRIVILEGE.

. . . .

. . . .

. . . .

. . . .

. . . .

. . . .

. . . .

. . . .

. . . .

. . . .

Le Roy adonc (les choses appaisées
Et beaucoup plus faciles et aisées)
Faict assembler ses tres-puissans Hectors
Acompaignez de ses saiges Nestors,
Lesquelz suiuiz d'armée tres-puissante
Et de ieunesse aux armes florissante,
Marchent (Bragards) par son commandement
(Vulcan deuant) vers le terrouer Normant,
A l'endroict mesme ou FRANÇOIS le premier
Du nom, fit faire et (braue) edifier
Dessus le bord de la mer, une ville
Forte et superbe et grandement utile
Pour arrester l'oultrecuidance Angloise,
Que de son nom nomma ville Françoise.
Là paruenu l'exercite de France,
(Laquelle ainsi que de force et vaillance
Et de vertu, les autres elle passe,
Et que les siens ont ce don et la grace

D'estre excellens en guerre dessus tous)
Ainsi se sont les François mys aux coups
De prime abord, sefforçans de tous nerfz
D'en pousser hors leur ennemy peruers.
Donq pres des murs (alegres) se ruans,
En vont grand nombre abatans et tuans,
Prestz pour le Roy defendre et la patrie,
Ou d'un cueur gay y perdre tous la vie.
Les blez d'alentour ont horreur des espées
Nues en main, de sang toutes trempées,
Le dur acier, en maintz endroictz vermeil
Fort clair reluit, agacé du soleil.
La terre a peur, les airs sont resonans
Du hideux bruict de lourds canons tonans.
De gros boulletz s'effroye ce grand vuide,
Neptune a peur voiant son regne humide
Rougir de sang, dans le trosne azuré
Iuppiter n'est (ce luy semble) asseuré
Craignant la fouldre et impiteux tonnerre
Du noir Vulcan, en l'Olimpe, air et terre
Tout est remply d'effroy et de murmure
Et tel tourment la creuse mer endure,
Mesmes Pluton en son chaos s'estonne
De peur du bruict qui (si horrible) tonne.
Brief, on eust dict, oyant telle tempeste,
Que ceste masse universe estoit preste
De ruiner, et que l'orraige et fouldre
Du hault-tonnant la vouloit mettre en pouldre.

Tant ceste place estoit enuironnée.
D'armes, de gens, et souuent canonnée.
En fin les murs rompuz de toutes parts,
Gabions, forts, bouleuarts et ramparts
Par grand effort, les François font approche
Des ennemis à l'endroit le plus proche,
Et main à main (hardis) liurent bataille
Et en la bresche, et dessus la muraille
Aux assiegez, qui ainsi oppressez
Et de si pres poursuyuiz et pressez,
Ne pouuans plus souffrir assaulz si durs,
Ny les François repoussez de leurs murs,
(Humbles et doulx, et ia prests à dompter)
Demandent paix, et à parlamanter.
  Sur ce le Roy (de clemence tout plein)
Se souuenant du doubteux sort humain,
Bien que forfaict ilz eussent grandement
Leur a sauué la vie entierement
Les iettant hors de sa propre cité,
Qui l'a receu en toute alacrité
A tres grand'ioye, honneur et alegresse,
Se voyant franche et dehors de l'oppresse
D'un peuple estrange et plein de felonnie,
Et à son Roy reioncte et reunie (*).
  Sus donc Anglois, mettez ailes aux piedz.
Andare vie, autres lieux espiez

(*) Le Haure et ville Françoise furent reconquis par le Roy Charles 9, le 28 juillet, l'an 1563.

Pour y loger, icy n'est vostre siege.
Gardez vous bien d'y estre prins au piege.
Sus hault le pied, François n'a pas bastie
Ceste cité, n'y tant bien assortie
De toute chose, afin qu'a l'aduenir
En seureté vous y deussiez tenir.
Et n'estimez (hors de ceste contrée
Estans sortiz) iamais y faire entrée,
Soit ou par force, ou par ruze ou cautelle,
Ou autre voye illicite et non belle,
Comme auez faict, en masquez ennemis,
Mais bien venuz y serez en amis.
O vous François qui ores la gardez,
A vostre faict si prudens regardez,
Que telle place et ville inexpugnable
Ne tumbe pas en accident semblable
A ce dernier, et pour telle conqueste
Toute la France à tout iamais s'appreste
De hault louër auec tresgrans honneurs
Les tres vaillans heroës et Seigneurs,
Qui par conseil, et armes (pleins de gloire)
Ont rapporté si superbe victoire,
En remettant par tel effort soudain
Un si fort lieu, en la puissance et main
De la sacrée et digne maiesté
Du Roy luysant de Iustice et Pieté
Charles neufiesme, auquel en aage tendre
Dieu a voulu plus de graces estendre

(Après maints maulx et grieue anxiété)
Qu'à Roy qui ait parauant luy esté :
Le presseruant entre mille dangers
(Ores des siens, ores des estrangers)
Et le rendant enfin vainqueur de tous
Tres triumphant, trescourtois, et tresdoulx.

. . . .
. . . .
. . . .
. . . .
. . . .
. . . .
. . . .
. . . .
. . . .
. . . .

FIN.

DE RECEPTO
Portu Gratie, carmen
Nutheteticon.

Autore Francisco Picard Rothomagæo.

PARISIIS,

Ex Typographia Thomæ Richardi, sub Bibliis aureis, è regione Collegij Rhemensis.

1563.

Cum Priuilegio.

DE LA REPRISE

DU

PORT DE GRACE

CHANT COMMÉMORATIF

Par François Picard de Rouen.

PARIS,

De l'imprimerie de Thomas Richard, aux Livres d'or, près du collége de Rheims.

1563.

AVEC PRIVILÉGE.

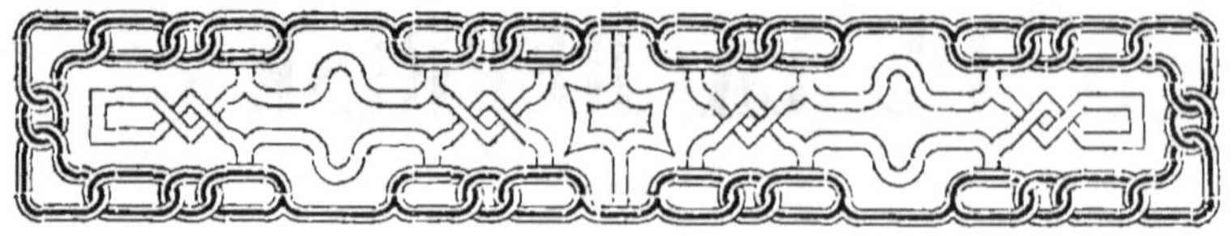

DE RECEPTO

PORTV GRATIÆ

carmen Nutheleticon.

Autore Francisco Picard Rothomagæo.

Xpectata diu cœlo labentibus annis
Hora venit, Phœbóque dies fulgente decora,
Discussis cœlo tenebris, & nubibus atris,
Splended luce noua, defessáque pectora mulcet.
Non semper rapidum ventis luctantibus æquor
Concitat Hippotades, tremulásque exasperat vndas.
Non glacialis Hiems terras tegit imbribus imas
Et niue perpetua, sed surgit protinus æstas.
Non semper tremula dubius rate nauita sulcat
Glauci regna patris, sed portum tangit apertum.
Amissis foliis arbos æstate virescit.
Floribus herba micat, redeunt & gramina campis.
Alternas natura vices fæcunda quibusque
Concessit rebus, seriem immutare priorem

DE LA REPRISE

DU PORT DE GRACE

CHANT COMMÉMORATIF

Par François Picard de Rouen.

VOICI le moment demandé au ciel depuis si longtemps; et le beau jour qu'éclaire le soleil, après avoir dissipé les ténèbres et les noirs nuages qui obscurcissaient le ciel, brille d'un éclat nouveau et réjouit nos cœurs fatigués. Il ne faut pas qu'Eole, fils d'Hippotès, agite toujours les mers soulevées par les vents déchaînés, et bouleverse les ondes tremblantes. L'hiver glacial ne couvre pas les terres de pluie et d'une neige perpétuelle : l'été lui succède bientôt. Le nautonnier incertain ne fend pas toujours sur son navire tremblant les ondes vertes de l'empire de Neptune; il finit par atteindre un port sûr. L'arbre, après avoir perdu ses feuilles, reverdit pendant l'été. L'herbe s'émaille de fleurs, la verdure revient aux champs. La nature féconde, qui ne sait pas s'arrêter à son

Gaudens, & primo consistere nescia passu.
Grandia mox leuibus, mox lætis tristia miscet.
Imperium tamen exercet fortuna, nec illam
Nouit adhuc melior natura expellere regno.
Heu quantis homines, quoties furor impius ardet,
Exercet fortuna malis. Quid vulnera narrem
Quæ mea percutiunt grauiori pectora plaga ?
Quid mea iam taceam, nec me recitare pudebit
Quæ cunctos, & me, casu non dispare tangunt ?
Eloquar an taceam ? casus mens nescia tanti
Hæsitat, at que animus vix vlla sede quiescit.
Qualis qui patriosque lares, nitidôsque penates
Auffugiens, varias ignoto sydere terras
Persequitur, gentésque petit procul ille remotas.
Mox huc, mox illuc, incerto tramite currit.
Mox alias properare vias, mox figere passus
Cogitur incertos, peragratque ignota viarum,
Possit vt optatosq ; locos, sedésque cupîtas
Tutus adire gradu, certáque insistere terra.
Hinc lacrimas adfert rerum miserabilis ordo.
Res illinc meliore statu mihi gaudia præbet.
Parte alia resided suadens iocus omnia læta :
Mœror ab aduerso minitatur tristia quæque.
Sed quia penè animus callum contraxit, & omne
Mens experta malum, tota est iam saxea facta :
Vela aliò vertam, priscosque è corde dolores
Excutiam, dum Musa fauet iucunda canenti.
Est reliquas inter celebri notissima fama

premier pas, a accordé à toutes choses ces alternatives, se réjouissant de ces variations. Elle mêle les grandes choses aux petites, les tristes aux gaies. Cependant la fortune exerce son empire et une nature meilleure n'a pas encore pu la priver de son pouvoir. Hélas ! à quels maux la fortune soumet les hommes, lorsqu'une fureur impie les aveugle ! Raconterai-je les blessures que j'ai ressenties moi-même d'une manière si cuisante ? Pourquoi tairais-je mes maux et hésiterais-je à dire ce qui frappe chacun comme moi d'un même sort ? Parlerais-je ou me tairais-je ? L'esprit hésite devant de tels malheurs et l'âme peut à peine prendre un parti. Tel celui qui, fuyant la demeure de ses pères et ses pénates chéris, traverse des terres variées sous des astres inconnus et visite des nations lointaines. Tantôt ici, tantôt là, il suit des chemins incertains. Tantôt il s'efforce de poursuivre d'autres routes, tantôt il veut fixer ses pas incertains, puis il parcourt des routes inconnues, dans l'espoir de trouver un asile sûr dans les lieux qu'il préfère et d'y trouver le repos. Si, d'un côté, ce misérable état de choses fait verser des larmes, de l'autre une situation meilleure m'apporte la joie. Le rire joyeux répand sur tous la gaieté. Le chagrin, au contraire, couvre tout d'un voile de tristesse. Mais l'âme, par l'habitude du mal, finit par s'endurcir et devient insensible. Aussi, j'ouvre ma voile à d'autres vents et je chasse de mon cœur de tristes souvenirs, puisque la muse favorise mes chants.

Infula, quàm magnum toto mare diuidit orbe.
Albion illa aliis, aliisque Britannia : nobis
Anglia, seu proprio Reginæ è nomine dicta,
Seu potius simili sic est vocitata figura :
Argentíque, aurique ferax, ærísque micantis.
Hanc Danai quondam profugi tenuêre coloni,
Et fatis tumidos hac eiecere Gygantes.
Angelicos vultu populos, sed corde malignos,
Demissos animo, sublimes corpore pascit.
Hæc inuisa lupis, homines nam sufficit ipsos
Esse lupos etiam, ne copia tanta luporum
Gallorum inuadat sedes, & debita regna.
Quid iam commemorem istius crudelia gentis
Pectora ? quid fraudes tacitas, rabidosque furores
Occultósque dolos, quos gens hominíque deoque
Inuisa exercet ? vic Titan percitus ira
Aspicit hanc gentem priuatus lumine, verùm
Sæpe die media, cœlo refluentibus vndis,
Illic deficere est vitus (si credimus vlli)
Vix Tellus magno vitiorum pondere pressa
Stare potest, mundi solida compage soluta.
Criminibus commotum iisdem vehementiùs æquor,
Exundat feruens, & vasto gurgite terras,
Diram absorpturum gentem, minitatur inanes.
O genus infelix, rapidum, miserabile, durum,
Funereum, crudele, minax, immitte, cruentum.
O vtinam linguas totidem totidémque dedisset
Iuppiter ora mihi, quot lumina contulit Argo.

Il est une île célèbre entre toutes, que la vaste mer sépare du reste du globe. Les uns l'appellent Albion, d'autres la Bretagne, et nous l'Anglie (Angleterre), nom emprunté à celui de sa Reine, ou plutôt à une figure semblable. L'argent et l'or, ainsi que l'airain étincelant, y abondent. Elle a été peuplée jadis par des colons grecs qui en chassèrent des géants. Elle est peuplée d'habitants au visage angélique, mais au cœur méchant, à l'âme vile, mais de haute stature. On n'y rencontre pas de loups ; car il suffit que les hommes soient de vrais loups, afin qu'un si grand nombre de loups ne puisse envahir la demeure des Gaulois *(Gallus, Coq)* et leur royaume. Que dirai-je de la cruauté de cette nation? de ces fraudes secrètes, de ces fureurs terribles, de ces ruses cachées auxquelles se livre cette nation odieuse à l'homme et à Dieu ? A peine le soleil, fils d'un Titan, outré de colère, jette-t-il un regard privé de lumière sur cette nation : souvent au milieu du jour, l'eau refluant vers le ciel, la lumière vient à manquer, ainsi qu'on le rapporte : à peine si la terre, accablée sous le poids des crimes de cette nation, peut se soutenir, sans briser la charpente du monde. La mer agitée plus vivement par ces mêmes crimes bouillonne avec force et menace d'engloutir la terre innocente pour détruire cette nation criminelle. O race malheureuse, cupide, sans pitié, misérable, cruelle, menaçante, et teinte de sang. Que Jupiter ne m'a-t-il donné autant de langues et autant de bouches qu'Argus avait d'yeux !

Non equidem fractámque fidem, cultúmque deorum
Ereptum sacris, & relligionis honorem
Contemptum, euersas diuini numinis ædes.
Crimina, probra, technas, cædes, & furta tacerem.
Sed forsan Momo quisquam mordacior ipso
Dicere me falso conuitia corde putabit,
Vel nulla ratione queri, nugásve referre.
Non ille est animus, non mens est illa poetæ
Zoile fatidici. Quis sacris talibus vllum
Vel tale obiiciat crimen? quis vulnus ab ipsis
Triste tulit? Non hos nitidus delegit Apollo
Qui noceant aliis, non hos inducit ad antrum
Musa iocosa suum, nec sertè moribus istis
Præditus est quisquam, qui Phœbi numine gaudet.
Magnanimos laudare viros, & fortia gestu
Facta referre ducum vates operosus, inertes
Odit at ille viros, & iniquos carmine damnat.
Turpia deterret, stimulum virtutibus addit.
Hæc illa est virtus, studiumq; & gloria vatum.
Ne me igitur moresq; malos, & facta nephanda
Anglorum reticere vetat facundus Apollo.
Nemo non nouit, quos est perpessa tumultus
Gallia, quas clades, quæ bella madentia cœde,
Postquam Franciscus regni moderamina Galli
Henrico extincto cœpit, qui corde salutem
Magnanimo patriæ cupiens, trepidosq; tumultus
Sedare, & turbam vi debellare rebellem,
Morte repentina mediis reuocatur ab actis.

Je parlerais de la foi violée, du culte des dieux suspendu dans les temples, de la religion méprisée, des édifices consacrés au culte renversés, des crimes, des opprobres, des fourberies, des massacres et des vols. Mais peut-être pensera-t-on que plus mordant que Momus, je me livre à des accusations fausses et mensongères, sans aucune raison et par plaisanterie. Non, tel n'est pas mon esprit; le poëte ne peut être un Zoïle. Qui pourra reprocher un tel crime à ceux que revêt un caractère sacré ? Qui a reçu de leurs mains un pareil outrage ? Le brillant Apollon n'accorde pas ses faveurs à ceux qui nuisent à autrui ; la muse joyeuse ne les conduit pas dans l'antre de ce dieu. Non, certes, de pareilles habitudes ne se rencontrent pas chez ceux qui ont reçu le souffle sacré de Phœbus. Le poëte aime à louer les grands hommes, à rapporter les exploits des héros, mais il hait les hommes lâches et flétrit de son vers l'injustice. Il blâme les choses honteuses et exalte la vertu. C'est là la vertu, l'étude et la gloire du poëte. Que le divin Apollon ne me défende pas de proclamer les habitudes méchantes et les actes criminels des Anglais ! Personne n'ignore quels troubles la France a éprouvés, quels désastres, quelles guerres sanglantes, après que François eut succédé sur le trône de France à Henri, ce prince qui désirait dans son cœur magnanime le salut de la patrie, et l'apaisement des troubles et la défaite des rebelles, succomba à une mort soudaine au milieu de cette entreprise. Aussitôt Charles, plus mûr que les années, monte sur le

Carolus extemplò reliquis maturior annis,
Regno præficitur fratris, gentemq; gubernat
Viuus adhuc, longosq; dabit felicior annos
Hora (fauente deo) & pacem reuocabit auitam.
Rege fub hoc cœpêre furentia prælia vires,
Seditione orta prisci creuêre tumultus.
Bella resmuuntur, toto Mars Impius orbe
Sœuit, & impatiens animos percussit Erynnis
Terrigenûm, vltricesq; deæ sua tela vibrarunt
Tincta odiis, venêre equites peditumq, cohortes.
Quas (ita crediderim) nigro demissit ab Orco,
Immissit que solo Saturni tertius heres.
Fallor. at armatas Germania dira phalanges
Protulit, vt bello vastarent Gallica rura.
Commoti proceres, tantam perferre ruinam
Non poterant, patriæque suæ communia damna.
Arma petunt alacres, tellus madefacta cruore
Infremit, armato spaciosus milite campus
Completur, gaudet que omnis certamine ciuis.
» *Omnia sunt misera in bellis ciuilibus.* Ecce
Dum furiunt Proceres, populúsque accenditur ira :
Cogitat insidias animo, fraudesque latentes
Perfida gens Gallisque inimica huc-vsque benignis :
Anglas deseruit, nostras vt viseret oras,
Viseret (heu miserum) cladem que afferret acerbam.
Cum primum Anglorum cupidas peruênit ad aures,
Seditione noua turbari gallica regna :
Protinus intrepidi leuibus lata æquora complent

trône de son frère et gouverne la nation ; son étoile (grâce à Dieu !) lui promet de longs jours et lui permettra de rétablir la paix désirée. Sous ce roi, on en est venu aux mains avec fureur, et les troubles anciens ont pris dans l'esprit de sédition une nouvelle force. La guerre renaît, Mars impie ravage la terre, et l'impatiente Erynnis terrifie les âmes des humains ; les déesses vengeresses agitent leurs traits teints de sang ; puis apparaissent des cohortes de cavaliers et de fantassins que le troisième fils de Saturne (Pluton) a fait, à ce que je crois, sortir du noir enfer et lancé sur la terre. Mais non, l'Allemagne farouche a envoyé ses phalanges armées, pour ravager par la guerre les campagnes de la France. Les nobles émus ne pouvaient supporter de tels désastres et la ruine de la patrie commune. Ils demandent des armes avec entraînement, la terre teinte de sang frémit, un vaste camp est rempli de soldats armés, et tout citoyen appelle la guerre à grand cris. « *Tout est misère dans les guerres civiles.* » Mais voici qu'au moment où les nobles sont transportés de colère et où le peuple est en fureur, la nation perfide et ennemie des Français sans défiance, trame des embûches et des fraudes cachées : elle quitte les rivages de l'Angleterre pour visiter les nôtres, les visiter (hélas !) et leur causer des dommages affreux. Dès que les oreilles cupides des Anglais apprirent que le royaume de France était en proie à de nouveaux troubles, aussitôt, intrépides, il couvrent la mer de

Nauigiis, spretoq; solo spaciantur in vndis.
Non vt tristem animum curis, studioq; grauatum
Possint solari, & grata releuare quiete.
Non vt communem faciant vtriusque laborem
Gentis, & inducant referantq; optata colonis.
Verùm (vt mens semper vitiis intenta malorum est)
Moliri cœpere nouas intentius artes.
Ergo iter accelerant, & nauibus æquora sulcant :
Æquora quæ gallis cursu communia & Anglis.
Infelix mortale genus ! miserabilis ille,
Qui primus Pelagoq; truci, ventisque proteruis
Nautica ligna dedit, fragilemque aptauit ad vsum.
At prior illa ætas, nostris felicior annis,
Quæ nomen puro, sine crimine, traxit ab auro :
Sedibus vsa suis, terrisque insistere gaudens,
Credidit immensum solis mare piscibus aptum.
Duráque ligna suos siluis eduxit ad vsus.
Postera progenies meliori educta parente,
Non satis esse sibi solida tellure potiri
Credidit, at fragilem telluri adiungere tutæ
Neptunum optauit : sic optauêre Gygantes
Sedibus immiscere suis cælestia regna.
Hinc genus omne mali profluxit & impia labes.
Cumq; suis errans longè Nauclerus ab oris,
Pontiuaga populos adeat cum naue ferinos :
Induit immitesque animos, & pectora dura,
Externosque refert mores, non alter ab illa
Gente rudi. Quos hæc nostrûm non inficit vnquam

légers navires, et quittant la terre parcourent les ondes. Ce n'est pas qu'ils veuillent consoler les âmes attristées par de noirs chagrins et par le fardeau des soucis, et les relever par un doux repos; ce n'est pas pour faire le travail commun aux deux nations et importer ou exporter les produits de l'agriculture. Mais (tant leur esprit est porté au mal) ils cherchent à inventer de nouveaux artifices. Il pressent leur course et fendent les mers avec leurs vaisseaux, les mers qui sont communes aux Anglais et aux Français. Malheureux le genre humain! Maudit celui qui le premier confia un navire à l'Océan terrible et aux vents déchaînés, et le destina à cet usage périlleux. Combien plus heureux que le nôtre cet âge primitif et exempt de crime qui tire son nom de l'or pur, cet âge qui, content de la terre, sa demeure, croyait que la mer immense ne convenait qu'aux poissons; il n'employait les bois des forêts qu'à son propre usage. Mais la race qui suivit, mieux instruite, crut qu'il ne lui suffisait pas d'être en possession de la terre ferme, et voulut joindre le périlleux empire de Neptune à cette terre où elle était en sûreté. C'est la source de tous les maux et de toutes les violences impies. Le nautonnier errant loin de ses rivages visite avec son navire des peuples lointains et sauvages. Il prend à ce contact la dureté de l'âme et du cœur, et rapporte des mœurs étrangères, comme cette rude nation. Qui de nous n'a pas subi cet odieux contact et senti ce poison dangereux couler

Atra lues, pestisque ingens per viscera serpens?
Nautica sors placuit tumidis magis omnibus Anglis.
Barbara gens, ipsis etiam furiosior vndis,
Intrepido fertur cursu, spaciosáque tranat
Æquora. Non aliter quàm cum lupus impius agnam
Iam grege deserto per pinguia rura vagantem
Insequitur, celerique gradu per deuia fertur.
Mox sepes transit, mox vepres ocior aura.
Non magnus dolorest, non est labor arduus illi,
Dum prædam optatam rabioso comprimat ore.
Sic venit ad gallos oppressos turbine rerum
Sanguineus miles, populis emissus ab Anglis.
VRBS est ad pelagi spumantia littora magni
Dieues opum, rerumque vsu clarissima multo.
Quam rex gallorum Franciscus nomine primus,
Certè Normanis quondam oblectatus in oris,
Funditus erexit, quò Neustria tutior esset.
Neustria bellipotens, rebus præclara, animisque.
Regi fida suo, sed cladibus obuia multis.
Ecce petunt Angli portum cui gratia nomen
Indidit, & simulant sese venisse paratum
Regis ad auxilium, nec fraudis signa dedêre.
Ore ferunt pacem, sed bellum corde volutant.
Admittunt hostem ciues, tectisque recondunt.
Ipse sed euigilans, technas molitur iniquas,
Imperioque suo submittit protinus vrbem.
Verùm rex Gallus sæuo vigilantior hoste,
Pacatis rebus, rapidos conduxit ad Anglos

dans ses veines ? Le sort a fait des marins de tous les Anglais. Cette nation barbare, plus impétueuse que l'onde elle-même, parcourt l'onde amère avec intrépidité. C'est ainsi que le loup impie poursuit une brébis errante loin de son troupeau au milieu de riches campagnes, et s'élance d'un pas rapide à travers les obstacles. Tantôt il traverse les haies, tantôt les ronces, plus rapide que l'air. Il ne sent point la douleur, il n'éprouve point de fatigue, pourvu qu'il saisisse de sa gueule béante la proie désirée. Ainsi se rue sur la France accablée par le malheur des temps le soldat sanguinaire recruté par la nation anglaise. Il est une *Ville* située sur les rivages écumants de la mer, riche par son commerce et célèbre par la variété de ses ressources, que le roi de France, François premier du nom, réjoui sans doute par l'aspect des côtes de Normandie, a fondée afin de défendre la Neustrie, la Neustrie aux instincts guerriers, illustre par la richesse et par l'intelligence, fidèle à son Roi, mais éprouvée par bien des maux. Voici que les Anglais se dirigent vers le port qui porte le nom de Grâce et simulent qu'ils viennent porter secours au Roi et sans fraude. Ils ont la paix à la bouche, mais il projettent la guerre dans leur cœur. Les citoyens ouvrent leurs portes à l'ennemi et l'abritent sous leurs toits. Mais lui, vigilant, il trame des machinations iniques et soumet aussitôt la ville à son empire. Mais le roi de France, plus vigilant qu'un ennemi cruel, après avoir pacifié le pays,

Armatas acies peditumque equitumque cohortes.
Tum veluti superant alios virtute ferena
Galli, nec bello gens aptior vlla gerendo est.
Sic totis hostem conantur pellere neruis,
Horrificisque armis gentem expugnare superbam.
Ergo adeunt alacres, patriam regemque parati
Vel capitis damno iucundo corde tueri.
Ecce Enses rutilant trepidantiâque arma refulgent.
Audisses titubare solum, resonare cruentis
Aëra pulsa globis, quos lato emiserat ore
Machina saxa rotans, & latis noxia muris.
Omnia murmur erat, sublimia clamor ad astra
Tollitur, & fremitu tellus vicina resultat.
Immisisse iouem dixisses horrida terris
Fulmina. vi magna perfractis denique muris,
Obsidione vrbem cingunt, & mœnibus astant.
Illi oppressi intus, nec iam conatibus vllis
Oppositos muris Gallos arcere valentes :
Colloquium petiêre, & res cœpêre pacisci,
At memor humanæ Rex Gallus fortis, eosdem
Vita donauit, propriaque eiecit ab vrbe.
Quid si rex ipsis vitam rapuisset & vrbem ?
Afflictis rebus Gallam solet Anglia gentem
Lædere parte alia vel rupto fœdere. sed nunc
Angle rapax peraget de te gens nostra triumphum.
Succumbes isto certamine. discet timere
Gallos, & patria tandem consistere terra.
Non potuit tua fraus virtutem frangere nostram.

conduit vers les Anglais ses bataillons armés, ses cohortes de fantassins et de cavaliers. Les Français surpassent tous les peuples par la valeur calme et sont plus aptes que tous les peuples à faire la guerre. Aussi s'efforcent-ils de toute leur puissance à repousser l'ennemi et à combattre cette nation superbe avec des armes terribles. Ils marchent au combat avec entrain, prêts à défendre leur patrie et leur roi en sacrifiant leur vie avec joie. Voici que les épées brillent et que les armes à feu tonnent au milieu des éclairs. Vous eussiez entendu le sol trembler, l'air retentir des éclats des bombes meurtrières, vomies par la large bouche des canons pour briser les murailles solides. Le bruit est général : des cris tumultueux sont poussés vers le ciel, et la terre voisine rebondit en frémissant. Vous eussiez cru que Jupiter avait déchaîné ses foudres terribles sur la terre. Les murailles étant détruites par cette force terrible, les assiégeants s'approchent de la ville et préparent l'assaut. Mais l'ennemi accablé à l'intérieur et ne pouvant par ses efforts écarter les Français des murailles, demande à parlementer et parle de paix. Le roi de France, se souvenant des misères humaines, lui fait don de la vie et se contente de le chasser de la ville. Que serait-ce s'il lui eût enlevé tout à la fois, la vie et la ville? L'Anglais a coutume de frapper le Français dans le malheur ou de rompre ses alliances avec lui : mais maintenant, Anglais rapace, notre nation triomphe de toi. Tu succomberas dans

Iunge tuis alas pedibus, cursuq ; citato
Auffuge. Non tuus iste locus, non debita sedes.
Si quis segnis erit, vitam patriamque relinquet.
Non hanc idcircò franciscus condidit vrbem,
Vt quondam tutus consisteret hostis in illa.
Angle recede miser, victus vinctusq ; tenêris.
Non equidem paruo tantus tibi constitit error.
Pellite tristitiam Galli, victoria vestra est.
Eya agite, ô musæ, ter iò, ter dicite Pœan.
Iam Cytherea choros ducit venus, & pede molli
Gratia cum nymphis viridem quatit aurea terram.
Vitisator gaudens hedera sua pocula libat.
Pertractat cytharam lauro decoratus Apollo.
Pellite tristitiam Galli, victoria vestra est.

FINIS.

cette lutte. Apprends à craindre les Français et à te tenir dans les limites de ta patrie. Tes fraudes n'ont pu briser notre courage. Prends des ailes pour accélérer ta fuite. Ce n'est point ici ta place, tu n'as aucun droit à notre sol. S'il y a un lâche parmi nous, qu'il renonce à la vie et à la patrie. Car François n'a point fondé cette ville pour qu'elle serve d'abri à l'ennemi. Vil Anglais, retire-toi; tu es vaincu et prisonnier. Tu étais dans une profonde erreur. Chassez votre tristesse, Français; la victoire est à vous! Crie victoire, ô ma muse, chante nos triomphes. Déjà la déesse de Cythère, Venus conduit les chœurs et se livrant à la danse avec ses nymphes, elle effleure de son pied léger la terre émaillée de fleurs. Le vigneron joyeux vide sa coupe pleine de vin fumeux. Apollon couronné de lauriers fait résonner sa lyre. Chassez votre tristesse, Français, la victoire est à vous!

FIN.

Briefue Description

DE L'ESIOUISSANCE

DE LA REDUCTION

DU HAURE DE GRACE

NOSTRE BONNE VILLE FRANÇOISE

Qui fut le vingt huictième jour de juillet mil cinq cens soixante trois.

Avec les Articles accordez sur la prinse dudict Havre de Grâce, ledict vingt huictième de juillet mil cinq cens soixante trois.

A LYON,

par BENOIST RIGAUD,

M.D.LXIII.

FRANCE, AV LECTEVR

SALVT.

OUVENTES fois des ma ieunesse
I'ay senty l'alarme et oppresse
De maintz adversaires peruers
Qui de maligne violence
Et trop temeraire insolence
M'ont liuré des assaulx diuers.
  Ilz m'ont (dy-ie encor'une fois)
En ieunesse souuentes fois
Liuré force estours et alarmes,
Prenans, sans cause qui feust bonne
Contre l'inuincible couronne
De mes Roys les injustes armes.
  Ilz m'ont long temps a poursuyvie
(Meuz d'ambition et d'envie)
Pensans bien mon Lys defleurer :
Esmouuans la pluspart d'Europe
Contre moy et ceux de ma troppe :
Maiz ilz ne m'ont sceu empirer.

Ains nonobstant leurs entreprises,
Intelligences et surprises
Menées et conseils mal sains :
On peut bien dire maintenant
Que Dieu pour moy la main tenant
A rompu leur force et desseins.
Plus que jamais on void ce coup
Qu'ilz n'y ont pas gaigné beaucoup
Ainsi qu'ilz en faisoient leur compte :
Car nonobstant leur arrogance,
Demourée m'est la puissance,
Et à eulx la perte et la honte.
Mais ce qu'ainsi mes ennemis
Sont d'espoir et force desmis
Cela ne vient de noz vertus,
Mais de Dieu le vengeur des tortz
Qui a les iniques effortz
De ces orgueilleux abattus.
C'est lui lequel m'a de sa grâce
Rendu mon fort Haure de Grace,
Et ma bonne ville Françoise.
Dont fault que mon ennemy fier
Qui s'en souloit glorifier
Par force en desloge et s'en voise.
Mais ce n'est la premiere fois
Que Dieu (protecteur des François)
A estrangé ses fiers Liepars
De mon Lys, qu'ilz vouloient dissouldre

Or n'y ayans que veoir ny souldre,
Que venoyent ilz faire en ces parcs ?
  Avoir devoyent devant leurs yeulx
Tant de trophées glorieux
Dessus eulx tousjours emportez
Par la prouesse et la vaillance
De mes tres puissans Roys de France,
Dont le bruit court de tous costez.
  Mesmement de Philippes Auguste
Et Charle septiéme tant juste,
L'exterminement des Anglois,
Qui furent à force de coups
Chassez d'entour moy (bien secoux)
Par loyaux Chevaliers François.
  Entre lesquelz on vit reluire
Et vn de Lore et vn la Hire
Et vn preux Poton de Xaintrailles
Si cheualereux champions
Qu'on les peut (plus que Scipions)
Nommer trois fouldres de batailles.
  Ceux là, d'une ardante furie
Firent d'Anglois telle turie
Et si mortelles escarmouches,
Qu'à grands coups de lance et de masse
Ensanglantans toute la place
Les atterroient plus dru que mouches.
  Icy d'un coup de coutelas
La Hire aualle le droit bras

De Talbot qui sur le champ meurt,
Puis poursuiuit son filz de sorte
Qu'à terre du cheval l'emporte,
Dont il decede en ce mesme heurt.
  D'autre costé Poton s'employe
Si fort, que le test il foudroye
Des Ducz Darondel et d'Erby.
Faisant tant d'armes, que tout homme
S'enfuyoit de sa face comme
Devant le Loup fait la Breby.
  Deça le Duc de Sombresset
Sentit fendre son Cabasset
En deux, par l'effort de Delore.
Qui le sceut tellement combattre
Qu'on le vid roide mort l'abattre
Et le Duc de Lanclastre encore.
  Lequel pour me faire la guerre
Avoit amené d'Angleterre
Trente mille combatans fortz,
Qui tous (fors mille cinq ou six)
Furent en bataillant occis
Par les miens et par leurs efforts.
  D'autre part Bertrand Duguesclin
A mon service tres-enclin
Les Anglois tant endommageoit
Que leur camp et armée toute
Il mettoit à sac et en routte
Dont leur Duc Canolle enraigeoit.

Brief (grâce à Dieu) ilz ne m'ont onques
Ny eulx ny nation quelz-conques
Pourchassé nuisance ou dommaige
Que ie n'aye faict resentir,
Voire à la parfin repentir
Tous ceux qui m'ont faict de l'outraige.
Il est bien vray que quelque temps
Ie n'ay eu mes espritz contens
Me voyant eniambée d'eulx :
Mais si ne fault il pas pourtant
Que de ce s'en voisent vantant
Ne qu'ilz en soyent plus glorieux.
Car si quelque fois la fortune
A esté pour eux oportune
Contre moy, ce n'a pas esté
Par leur vaillance et hardiesse,
Ny par vertueuse prouesse,
Ny vraye magnanimité,
Ainçois par civile discorde
Et ambition vile et orde
Pire beaucoup que tous poisons,
Dont s'enflammerent trop les cueurs
(Longtemps a) de maintz grans Seigneurs
Mes plus fauoritz nourrissons.
Lesquelz ayans entr'eux débatz
Pour les honneurs et hautz estatz,
Et avoir de moy la regence
A ma grande destruction,

Et ruïne et confusion
Exercoyent leur haïne et vengeance.
  En ce pendant mes ennemys
Ont adonc chez moy le pied mys
Voyant l'occasion s'offrir.
Et m'ont en maintz endroitz et lieux
Faict venir les larmes aux yeux,
Et maintes misères souffrir.
  Car lors foible estoit ma défense
Pour m'opposer à leur offense,
A leur raige et hostilité.
D'autant que mes plus grans cestoient
Ceux qui plus fort me molestoyent
Par ligue et partialité.
Estans (comme mal auisez)
L'vn contre l'autre diuisez,
Sans y trouuer raison aucune.
  Mais depuis que raliez furent,
Et vnis, plus de noise n'eurent
En despoillant toute rancune.
Ainsi que loups fuyent (poureux)
Devant les Lions genereux
De faim ou de fureur poussez :
Ainsi mes ennemys ilz ont
Froissez, chassez de premier front,
Et tous loing de moy repoussez.
  Si bien que depuis ce temps là
Nul n'entreprint ne se mesla

De me faire menasse ou force
Qu'ayant pris les armes en main
Ie ne luy aye tout soudain
Faict sentir du glaine l'entorse.
  Mais ores c'est bien autre chose
Ores qu'heureuse me repose
Tranquille en douceur et en paix,
N'ayant ennemys n'auersaires
Et au dessus de mes affaires
Triomphante autant que iamais.
  Mars va te cacher tout honteux,
Arrière forgeron boiteux,
Vuidez Ciclopes Ætneans
Plus ne soit bruit d'artillerie,
D'armes, d'espées, de furie,
Sinon sur Turcz et mescréans.
  Avec cent mil chesnes d'acier.
Sur Caucase allons tous lier
Bellonne avecques Promethée.
La cruelle a par trop regné
Icy d'un courage obstiné,
Et par trop la terre infectée.
  Soit precipitée au Tartare
Discorde source de lā tare
De tant de biens qu'avons perduz.
Soyent arrachez de nostre cueur
Et haine et envie et rancueur
Qui ont tant de maulx espanduz.

Qu'il n'y ayt luth, lire ou guitterre
Qui uueille plus chanter la guerre
(Nostre destruction entiere)
Ains vueille chascun s'adonner
A resonner et fredonner.
D'autre plus plaisante matière.
Des diuins Espritz poëtiques
Soyent pleins les immortelz cantiques
Des graces et uertuz : et mesme
De la Iustice et pieté,
Dont luysante est la maiesté.
De mon bon Roy Charles neufiesme.
Qui en a bien fort ieunes ans
Esprouué maintz assaulx cuisans,
Et autant diuers, qu'oncques Prince
Qui se soit devant luy trouué
Ait iamais senty n'esprouué
Soit icy ou autre province :
N'estoit-ce rien de voir à tas
Le glaiue en main en tous estatz,
Et les siens quasi s'esgorger ?
Puis (à fin d'y donner remede)
Contraint, appeller à son ayde
Vn barbare et vn estranger,
N'estoit-ce rien veoir ce barbare
Faire la nique et la fanfare
A ceux mesmes, et en leur pays,
Qui ont aux quatre coings du monde

Fait sentir leur bras furibonde,
Rendans tous peuples esbahis?
N'estoit-ce rien veoir ce pendant
L'Anglois ses forces espandant
Se saisir de ses places fortes?
N'estoit-ce rien que d'ouyr que tost
Descendoit icy un grand ost
Des plus belliqueuses cohortes?
N'estoit-ce rien de veoir espars
Ses ennemis de toutes parts,
Et quasi son Royaume en proïe?
N'estoit-ce pas pour s'estonner,
Voire pour grand frayeur donner
Mesmesmes à vn Hector de Troye?
N'estoit-ce rien veoir sa iustice,
N'estre obeie, et du supplice
Les meurtriers et voleurs exemptz?
Et à tous ces maulx ne pouuoir
Y remedier ne pouruoir,
Regretz à luy tres deplaisans.
Toutes fois de tous ces maulx là
Ce tres bon Dieu deliuré l'a,
Rompant le neud de la discorde,
Du Haure les Anglois chassant
Et de toutes parts pourchassant
De tenir les siens en concorde.
Nostre Roy ayant donq receües
Tant de graces du ciel yssues.

Et si parfaict dès son printemps,
Qu'esperez vous de sa grandeur
Lors qu'estant en sa force et fleur
Il aura attaint les trente ans.
  Ie croy pour vray, que de Clouis
Pepin, des Charles, des Louys
Et de Philippes conquerant,
Il esgalera les grandeurs,
Et les prouesses et honneurs,
Et qu'encor plus qu'eulx sera grand.
  O Dieu octroye par ta grace
Qu'à ton honneur ainsi se face,
Et desor qu'en luy soit emprainte
Enuers toy toute obeissance,
En toy vraye resiouissance,
Amour et volontaire crainte.
  Tandis Aonienne troupe,
Honneur du mont à double crouppe
Resonne si haut ses loüanges :
Qu'immortelles par vous rendues
Elles soyent partout entendues.
De nostre Seine jusqu'à Ganges.
  N'oubliant en vos diuins vers
A bruire par tout l'vnivers
La gloire des preux Cheualiers
Du Roy fideles seruiteurs
Qui en si extremes malheurs
Se sont monstrez bragars guerriers.

Mesmes ceux qui pleins de vaillance
Accompaignée de prudence
Ont si acortement ouuré,
Que ma bonne ville Françoise
Est hors de la puissance Angloise,
Et mon fort Haure recouuré.
Pour laquelle braue conqueste
Ilz meritent qu'on leur appreste
De palme couronne immortelle.
Et, outre les honneurs premiers,
Et dons riches et singuliers
Meritez par victoire telle.
Dont toutesfois en soit l'honneur
A cil qui en est le donneur
A ce grand Dieu, Dieu des armées,
Qui confond tous ses ennemys
Qui les a de force desmys,
Et mys leurs conseilz en fumées.

FIN.

Le mercredy vingt huictiesmes jour de juillet, mil cinq cens soixante trois, le Haure de Grace et ville Françoise furent remis en l'obeissance de la Majesté du Roy nostre sire, Charles IX. Estans icelles places, lors détenues et vsurpées par les Anglois : Et le vendredy trentiesme dudict moys fut (pour telle bonne nouuelle) faicte grande resiouissance à Paris, ou assistèrent Messieurs les Preuost des Marchans et Escheuins de la dicte ville, accompaignez de plusieurs notables Marchans et Bourgois d'icelle, en randant graces à Dieu, le suppliant qu'il luy plaise (par sa grace) preseruer nostre Roy, les Princes du sang, et tout son bon conseil, en toute prosperité, santé, et longue vie. Amen.

FIN.

Les Articles accordez sur la prinse dudict Haure de Grace, le dict vingt huictiesme iour de Iuillet mil cinq cens soixante trois.

Il est dict que les Angloys rendront dans les six iours prochains, la ville du Haure, ensemble l'artillerie munitions et autres choses qui y sont, appartenant au Roy et à ses subjects.

Et que pendant ce temps là, est permis au comte de Waruidz, et autres gens de guerre, de desloger d'icelle ville, et emporter toutes les munitions, et autres choses appartenant à la Royne d'Angleterre, ou à ses subiects.

Et si le mauuais temps ou ventz contraires empeschent, que ce deslogement et transport ne se puisse faire dans ce terme, leur sera donné et limité aultre delay raisonnable.

Que presentement ilz remettront le Haure de Grace entre les mains du Roy, à quoy ilz ont desia satisfaict. Et sera mis dedans, vn bon nombre de Soldatz Françoys, et commandé par le Capitaine Reuolles, que demain dans huict au matin, ils remettront aussi le fort et que, pour plus grande seureté des Articles y accordez. Ilz bailleront quatre Hostages dans ce iour d'huy, à quoy ilz ont satisfaict.

Du Camp de deuant le Haure, le vingt huictiesme iour de Iuillet, mil cinq cens soixante trois, à huict heures du soir.

Sonnet par Io. du Cha.

O combien sont, et de Dieu, et du monde
Aymez ceux là, qui la Religion
Vont soustenant, sans fard et fiction,
Et esquelz fraude et fallace n'abonde :
Tout au rebours la stigiale onde
N'engendre au corps plus de contagion :
Que quand on tend dessoubs deuotion
Faire à son Dieu, ou peuple, un acte immonde.
L'Anglois a fainct vouloir porter secours,
A Dieu, au Roy ! Mais bien tout au rebours
On l'a veu faire, usurpant sur le Roy,
L'Haure François, ce qu'en bref me faict croire
Qu'en son cœur n'a ainsi qu'il rend notoire
Image, ou marque aucune de la Loy.

(Au bas se trouve l'*Écu de France* entouré du cordon de St-Michel.)

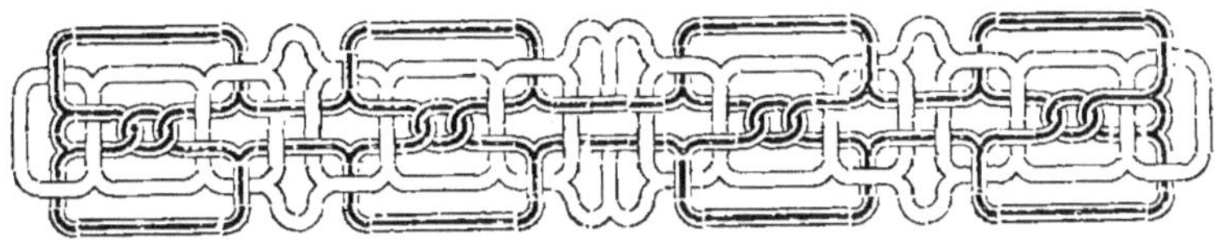

LETTRE DE CHARLES IX SUR LE SIÉGE DU HAVRE (*).

A Monsieur du Ludde, lieutenant général en Poictou.

Du camp du Havre, 30 Juillet 1563.

MONSIEUR du Ludde, vous avez entendu comme après avoir tenté tous les moyens possibles pour avoir raison de la Royne d'Angleterre, et luy avoir fait proposer toutes les plus raisonnables conditions que j'ay peu pour ravoir ma place du Havre qu'elle me détenoit, elle n'en a voullu accepter aucune, mais a persisté en sa violente détention tant qu'elle a peu : quoy voyant, et qu'il ne me falloit rien espérer de sa bonne volunté que ce que la force me donneroit, je y envoyai mon armée sous la conduite de mon cousin le maréchal de Brissac il y a quelque temps, lequel, après avoir fait conduire les tranchées jusques auprès de la ville,

(*) Extrait des notes et manuscrits de feu J. Morlent, bibliothécaire au Havre.

finallement je m'en suis approché moy-mème, et y estant venu, mon cousin le connestable avec une infinité de princes, seigneurs, chevalliers de mon ordre et autre noblesse, il les a tellement pressés du costé du Havre, qu'après avoir gaigné pied à pied tantost la palissance qu'ils tenoient, et la tour qui défend l'embouchement du Havre, et depuis s'estant approché de la grosse tour, et commencé à se loger si près d'eux qu'ils étoient pretz, après une batterie de trente canons qu'on leur préparoit, de leur faire donner ung brave assault, ils se sont tellement estonnez, qu'ils ont mieulx aymé se rendre, que d'endurer l'extrémité où ils voyoient bien qu'il n'alloit rien moings que de leur vye : et aussi a-t-on mieulz aymé les receuoir sans perte d'hommes, que hazarder la vye de tant de gens de bien, qui me pourroient en quelqu'autre bonne occasion faire ung grand service. Ils s'en vont tous en Angleterre, la ville m'est rendue en l'estat qu'elle est, avec toute l'artillerye, munitions et autres choses y estans, ensemble tous les navires estant dans le port, qui sont en grand nombre : mes forces sont jà dans la ville en trois lieux, c'est assauoir : dans la tour du Havre, dans le fort qu'ils ont fait et dans le bastion de Saint-Adresse, que mes gens avoient bastu ; et eulx commencent à s'embarquer, ce qu'ils ne peuvent avoir fait de troys jours, d'autant qu'ils sont plus de quatre mille hommes de guerre, du reste de la mortalité, vous pouvant asseurer qu'ils ne repasseront jamais la mer qu'ils n'en ayent quasi perdu autant : de quoy je vous ai bien voulu aduertir afin que le faciez entendre à tous mes subjects estant par delà, pour estre la nouvelle si heureuse pour moy et pour le bien de mes affaires, qu'elle ne confirme point seullement la paix dernièrement faicte, et asseure le repos de mon royaume, mais me délivre de toutes les querelles que la Royne d'Angleterre me sçauroit jamais faire, et ce par la justice de Dieu qui lui fait porter la peine du mal qu'elle me fait, et de ce que trop légèrement elle a voulu rompre la paix qui avoit esté si solemnellement jurée entre nous. Priant Dieu, Monsieur du Ludde, vous avoir en sa sainte et digne garde. Du camp du Havre, ce XXXe Iuillet 1563, signé Charles, et plus bas Robertel.

AU DOS EST ESCRIPT : *A Monsieur du Ludde, chevallier de mon ordre, et mon lieutenant général en Poictou, en l'absence de mon frère le prince de Navarre.*

AU LECTEUR.

Dans notre préface, en faisant connaître les diverses œuvres poétiques du XVIe siècle, qui avaient célébré la reprise du port du Havre sur les Anglais, nous annoncions que nous ne reproduirions que les pièces n°s 4 et 5 ; mais, pendant le cours de l'impression, nous avons pu nous procurer la pièce n° 3 et la copie d'une lettre de Charles IX, relative à la reddition du Havre, et nous nous sommes empressés d'en enrichir notre publication.

Nous l'avons complétée par un portrait de Charles IX et par un plan du Havre, reproduits en *fac-simile*.

Le plan est celui qui a été publié par Belle-Forest, en 1575 ; c'est un des plus anciens plans connus, et il peut jeter un grand jour sur le récit du siége. Ce plan nous a été communiqué par M. Toussaint, ainsi que le poëme *De Recepto Portu Gratiæ*.

LES ÉDITEURS.

INDEX.

Havre. — Imprimerie COSTEY FRÈRES, rue de l'Hôpital, 4 & 6

r

Le Pourtraict ou plan de la ville du Haure de Grace

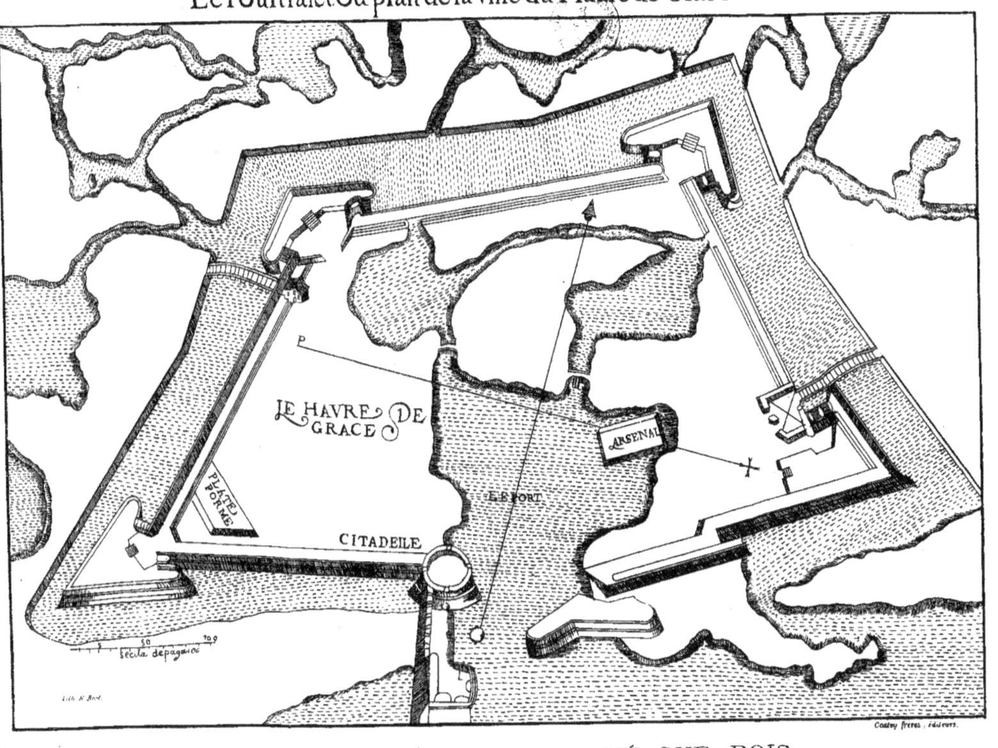

Costey frères, éditeurs.

FAC-SIMILE D'UN PLAN GRAVÉ SUR BOIS

Extrait de la *Cosmographie Universelle* publiée par BELLE-FOREST en 1575.

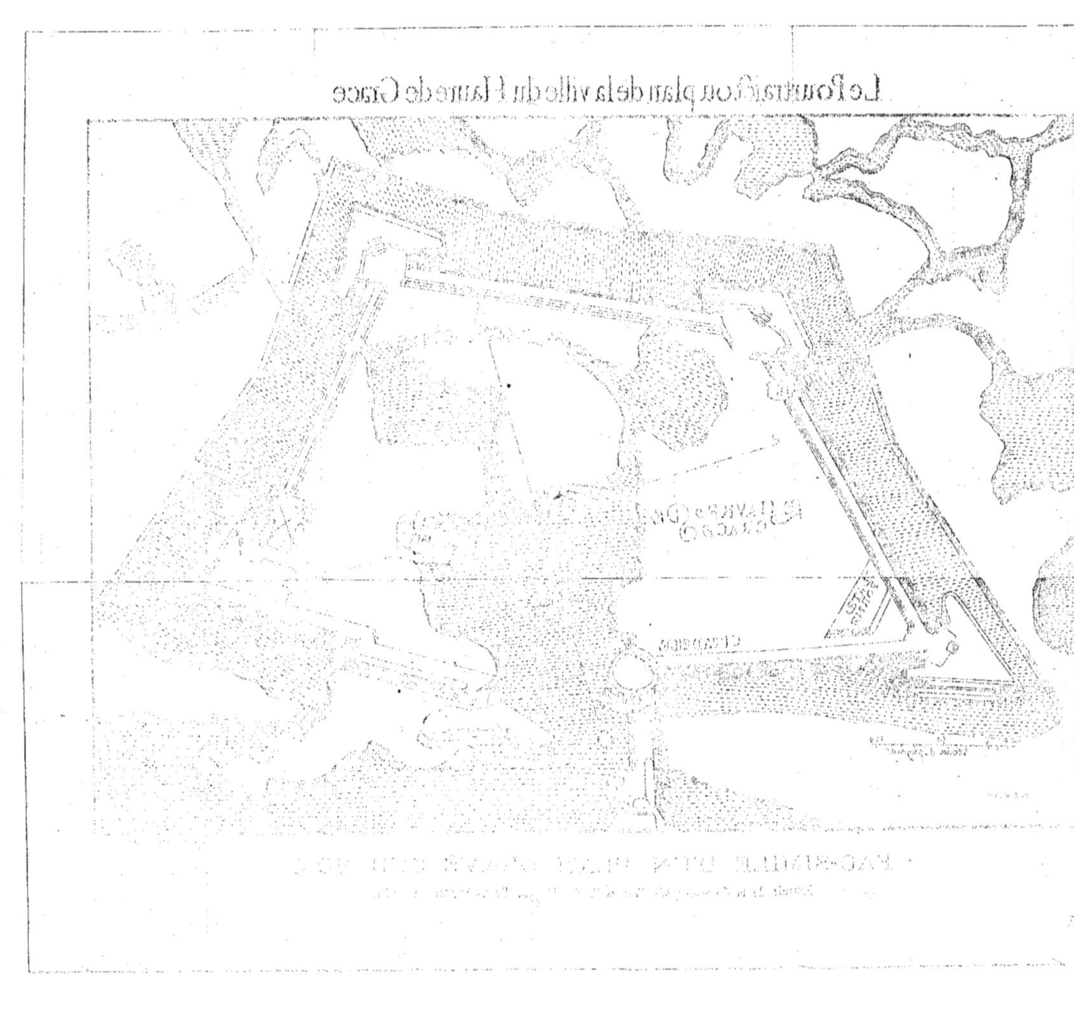
Le Pourtraict ou plan de la ville du Havre de Grace

BIBLIOTHEQUE NATIONALE DE FRANCE
3 7531 04426156 9

www.ingramcontent.com/pod-product-compliance
Lightning Source LLC
LaVergne TN
LVHW021719230826
846091LV00003BA/975

9782013666367